David Pouliot
Pierre McKenzie

Analyse de la propriété d'incrémentalité du programme de branchement

David Pouliot
Pierre McKenzie

Analyse de la propriété d'incrémentalité du programme de branchement

Propriété inventée pour la résolution du problème GEN par un programme de branchement

Presses Académiques Francophones

Impressum / Mentions légales

Bibliografische Information der Deutschen Nationalbibliothek: Die Deutsche Nationalbibliothek verzeichnet diese Publikation in der Deutschen Nationalbibliografie; detaillierte bibliografische Daten sind im Internet über http://dnb.d-nb.de abrufbar.

Alle in diesem Buch genannten Marken und Produktnamen unterliegen warenzeichen-, marken- oder patentrechtlichem Schutz bzw. sind Warenzeichen oder eingetragene Warenzeichen der jeweiligen Inhaber. Die Wiedergabe von Marken, Produktnamen, Gebrauchsnamen, Handelsnamen, Warenbezeichnungen u.s.w. in diesem Werk berechtigt auch ohne besondere Kennzeichnung nicht zu der Annahme, dass solche Namen im Sinne der Warenzeichen- und Markenschutzgesetzgebung als frei zu betrachten wären und daher von jedermann benutzt werden dürften.

Information bibliographique publiée par la Deutsche Nationalbibliothek: La Deutsche Nationalbibliothek inscrit cette publication à la Deutsche Nationalbibliografie; des données bibliographiques détaillées sont disponibles sur internet à l'adresse http://dnb.d-nb.de.

Toutes marques et noms de produits mentionnés dans ce livre demeurent sous la protection des marques, des marques déposées et des brevets, et sont des marques ou des marques déposées de leurs détenteurs respectifs. L'utilisation des marques, noms de produits, noms communs, noms commerciaux, descriptions de produits, etc, même sans qu'ils soient mentionnés de façon particulière dans ce livre ne signifie en aucune façon que ces noms peuvent être utilisés sans restriction à l'égard de la législation pour la protection des marques et des marques déposées et pourraient donc être utilisés par quiconque.

Coverbild / Photo de couverture: www.ingimage.com

Verlag / Editeur:
Presses Académiques Francophones
ist ein Imprint der / est une marque déposée de
AV Akademikerverlag GmbH & Co. KG
Heinrich-Böcking-Str. 6-8, 66121 Saarbrücken, Deutschland / Allemagne
Email: info@presses-academiques.com

Herstellung: siehe letzte Seite /
Impression: voir la dernière page
ISBN: 978-3-8416-2166-5

Copyright / Droit d'auteur © 2013 AV Akademikerverlag GmbH & Co. KG
Alle Rechte vorbehalten. / Tous droits réservés. Saarbrücken 2013

RÉSUMÉ

Ce mémoire est consacré principalement à l'étude des programmes de branchement incrémentaux. Le programme de branchement est un modèle de calcul qui capture la quantité de mémoire requise à la résolution d'un problème calculatoire. Nous utilisons ici ce modèle pour résoudre un problème P-complet appelé GEN. Ce dernier est un problème de génération d'éléments dans un groupoïde fini, soit un ensemble d'éléments muni d'une loi interne de composition.

Afin de capturer une façon naturelle de construire un programme de branchement résolvant GEN, la restriction d'incrémentalité a été inventée dans [GKM08]. Dans ce mémoire, nous proposons une méthode pour transformer un programme de branchement restreint par une condition spécifique et avec un seul sommet non syntaxique incrémental en un programme entièrement syntaxique incrémental. Nous prouvons aussi que de déterminer s'il existe un chemin incrémental ou consistant dans un programme de branchement est NP-complet.

Ce mémoire traite également du nombre de maxtermes et mintermes de GEN (vu comme une fonction monotone), des questions de complexité combinatoire sur les programmes de branchement, et du nombre de portes négation nécessaire à un circuit booléen pour résoudre GEN.

Mots clés: GEN, programme de branchement, incrémentalité.

ABSTRACT

This Master thesis is devoted to the study of the incremental branching programs. A branching program is a model of computation that captures the space needed by a computer algorithm. It is used here to solve a P-complete problem named GEN. The latter is a problem concerning the generation of elements in a finite magma, a most basic algebraic structure with only a closed binary operation.

In order to capture what is a natural way to construct a branching program solving GEN, the restriction of incrementality was invented in [GKM08]. In this Master thesis, we propose an algorithm to transform a specific branching program with only one non syntaxic incremental node into a completely syntaxic incremental branching program. We also prouve that showing the existence of a incremental or consistant path in a branching program is a NP-complete problem.

The other subjects discussed are the minterms and maxterms of GEN (when viewed as a monotone function), combinatoric complexity questions about branching programs, and the minimal number of negations in a boolean circuit to solve GEN.

Keywords: GEN, branching program, incrementality.

TABLE DES MATIÈRES

RÉSUMÉ iii

ABSTRACT iv

TABLE DES MATIÈRES v

CHAPITRE 1 :   INTRODUCTION 1

CHAPITRE 2 :   DÉFINITIONS ET NOTIONS PRÉLIMINAIRES . . . **4**
    2.1   Fonctions booléennes 4
    2.2   GEN 4
    2.3   Machine de Turing 6
    2.4   Programmes de branchement 9
    2.5   Circuits booléens 14
    2.6   Machine à jetons 16
    2.7   Classes de complexité 17
    2.8   Réduction et complétude 19
    2.9   Non uniformité 20

CHAPITRE 3 :   MOTIVATION **22**
    3.1   Espace versus temps 22

CHAPITRE 4 :   APPROFONDISSEMENT DE GEN **27**
    4.1   Circuit booléen pour résoudre GEN 27
    4.2   Programme de branchement pour résoudre GEN 30
    4.3   Calcul serré 32
    4.4   L'incrémentalité 35
    4.5   Pouvons-nous corriger un PB qui n'est pas incrémental ? 37
    4.6   Les mintermes et maxtermes de RELGEN 45

4.7	Syntaxique versus sémantique	51
CHAPITRE 5 :	**COMPLEXITÉ DE PROBLÈMES CONNEXES**	**53**
5.1	Élément nécessaire	53
5.2	Reconnaitre un encodage valide d'un PB	57
5.3	Chemin consistant	57
5.4	Ensemble syntaxique d'un sommet	66
5.5	Ensemble sémantique d'un sommet	67
5.6	L'incrémentalité	69
5.7	Validité d'un programme de branchement	74
CHAPITRE 6 :	**LA COMPLEXITÉ D'INVERSION**	**76**
6.1	Définitions et travaux de A. A. Markov	76
6.2	Impact sur la taille d'un circuit	83
6.3	Application à GEN	88
CHAPITRE 7 :	**CONCLUSION**	**93**
BIBLIOGRAPHIE		**96**

Merci à Pierre Mckenzie, mon excellent, dévoué, sympathique et gentil directeur, qui m'a toujours redonné confiance et motivation à la sortie de nos rencontres régulières. Merci aussi aux inestimables joyeux lurons du DIRO et du LITQ. J'ai passé de bons moments parmi ces gens qui, pour certains, sont devenus de chers amis.

CHAPITRE 1

INTRODUCTION

La question de L versus P [Coo71a] est apparue avant la question de P versus NP [Coo71b, Lev73] et s'exprime ainsi : est-ce que l'ensemble L des problèmes décidables en espace logarithmique et l'ensemble P des problèmes décidables en temps polynomial sont les mêmes ? Il est connu qu'un algorithme fonctionnant en espace logarithmique prend aussi un temps polynomial, mais pour chaque algorithme fonctionnant en temps polynomial, est-il possible de le réécrire pour qu'il fonctionne en espace logarithmique ? Ainsi, la véritable question concernant L versus P est plutôt : $P \subseteq L$?

Le problème GEN et ses variantes sont étudiées depuis 1974. Puisqu'il est P-complet [Coo74, JL76], GEN ne peut être résolu en espace logarithmique que si $L = P$, ce qui est considéré comme très peu probable. La donnée du problème GEN est un groupoïde (ou magma) fini, c'est-à-dire un ensemble fini d'éléments muni d'une loi de composition interne, la question étant : « le n-ième élément est-il dans la fermeture du sous-ensemble $\{1\}$? » Autrement dit, est-il possible de générer le n-ième élément de l'ensemble à partir du premier élément et des lois de composition du groupoïde ?

Un modèle de calcul fort utilisé pour résoudre GEN est le programme de branchement (PB). Un PB, aussi appelé un diagramme de décision binaire, est un graphe dirigé sans cycle, avec une source et deux puits, un puits refusant l'entrée et l'autre l'acceptant. À chaque nœud du graphe, une question sur l'entrée est posée, et l'arête étiquetée par la réponse concordante avec l'entrée est empruntée. La grande particularité de ce modèle de calcul est que sa taille (c'est-à-dire son nombre total de nœuds) est proportionnelle au logarithme de l'espace requis pour calculer la même fonction sur une machine de Turing.

Cela étant, si nous pouvons démontrer que GEN nécessite un PB de taille non polynomiale pour le résoudre, alors la preuve est faite qu'il n'existe aucun algorithmique nécessitant seulement un espace logarithme pour résoudre GEN. Ceci entraîne la séparation des classes L et P.

Plusieurs travaux ont tenté de s'approcher de ce but. Dans [BM91], il est démontré que des variantes plus restrictives de GEN sont complètes pour certaines sous-classes de P. Une borne inférieure linéaire sur la profondeur d'un circuit monotone résolvant GEN est donnée dans [RM99]. Cependant, la démarche qui a particulièrement influencé le sujet du présent mémoire provient de [GKM08], où est introduit le concept du PB incrémental. L'idée étant qu'un tel PB semble être la façon la plus logique et la plus efficace de construire un PB pour résoudre GEN. L'incrémentalité fait en sorte qu'à chaque nœud, nous ne posons jamais une question sur des éléments pour lesquels nous ne savons encore pas s'ils peuvent être générés à partir de $\{1\}$. Il a été démontré qu'un PB incrémental est obligatoirement de taille exponentielle.

Au chapitre 2 de ce mémoire, nous présentons une révision de certaines définitions et de certains résultats classiques en théorie de la complexité. Nous en profitons de plus pour introduire le problème GEN ainsi que certaines de ses propriétés les plus connues.

Le chapitre 3 fait un retour sur les motivations derrière nos objectifs de recherche que nous avons brièvement aperçues dans cette introduction. Plus précisément, nous exposons la relation qui existe entre l'espace et le temps de calcul, puis nous expliquons comment est reliée la taille d'un PB avec l'espace de calcul.

Un approfondissement du problème GEN est proposé au chapitre 4. Un circuit booléen de taille polynomiale pour résoudre GEN y est exhibé. Nous présentons ensuite des propriétés de PB résolvant GEN comme le calcul serré et l'incrémentalité, ainsi que les résultats associés qui sont dus à [GKM08]. La suite de ce chapitre est consacrée à des résultats qui nous sont propres. Nous avons voulu savoir si nous pouvions transformer un PB non incrémental en un PB incrémental. La réponse que nous pouvons donner à cette question est oui mais sous certaines conditions. De plus, nous avons calculé le nombre de mintermes et maxtermes de RELGEN (qui est une généralisation de GEN) pour découvrir qu'ils sont en quantité exponentielle. Nous terminons le chapitre par une analyse qui démontre que la puissance de calcul du PB sémantique incrémental et celle du PB syntaxique incrémental sont les mêmes, et qu'il existe pour les deux modèles des fonctions qu'ils ne savent pas calculer.

Au chapitre 5, des résultats de notre cru de complexité combinatoire sur les PB et le problème GEN occupent tout l'espace. Entre autres, nous définissons ce qu'est un élément nécessaire et démontrons qu'il est P-complet de reconnaître qu'un élément possède cette propriété. Notamment dans ce chapitre, nous prouvons que les problèmes d'existence d'un chemin consistant (définition dans le chapitre 2) ou d'un chemin incrémental (définition dans le chapitre 5) dans un PB sont NP-complets. Ces deux problèmes ont une version plus simple qui se situe dans AC^0. Nous avons aussi des résultats concernant les ensembles sémantiques et syntaxiques d'un sommet, deux ensembles dont les définitions sont introduites dans le même chapitre. Nous concluons cette partie par un algorithme non déterministe fonctionnant en temps polynomial qui permet de déterminer si un PB n'est pas valide pour résoudre GEN.

Finalement, au chapitre 6, nous nous intéressons à la complexité d'inversion, soit le nombre minimal de négations nécessaires pour résoudre une fonction booléenne à l'aide d'un circuit. Les premiers résultats de cette branche sont apparus dans [Mar58]. Une fois la présentation de ces résultats fondateurs faite, nous les appliquons à GEN pour découvrir qu'il faut au minimum un nombre de $d\lceil \log n \rceil$ négations dans un circuit booléen pour résoudre ce problème, où d est une constante comprise entre 1 et 2.

CHAPITRE 2

DÉFINITIONS ET NOTIONS PRÉLIMINAIRES

2.1 Fonctions booléennes

Une *fonction booléenne* est une fonction de la forme $f : \{0,1\}^n \to \{0,1\}$. L'entier n, soit la dimension du domaine de f, est aussi appelé *l'arité* de la fonction. L'ensemble de toutes les fonctions booléennes d'arité n est dénoté par B_n.

Une fonction booléenne f est dite *monotone* si $f(x) \leq f(y)$ lorsque $x \leq y$. Comment s'interprète $x \leq y$? Si nous représentons les n bits de x et de y par $x = x_1 x_2 \ldots x_n$ et $y = y_1 y_2 \ldots y_n$, alors $x \leq y$ signifie que $x_i \leq y_i$ pour tout $i = 1, \ldots, n$.

Définition 2.1.1. *Soit $f \in B_n$ une fonction monotone.*
- *Un* minterme *de f est une entrée $x \in \{0,1\}^n$ telle que $f(x) = 1$ et pour tout $x' < x$, $f(x') = 0$.*
- *Un* maxterme *de f est une entrée $y \in \{0,1\}^n$ telle que $f(y) = 0$ et pour tout $y' > y$, $f(y') = 1$.*

2.2 GEN

Le problème calculatoire qui est au cœur de ce mémoire est le problème GEN. Glissons d'abord quelques mots sur les notions de *génération* (d'où GEN tire son nom) et de fermeture.

Nous employons la notation $[n]$ pour désigner l'ensemble $\{1, 2, \ldots, n\}$. Étant donné une relation $T \subseteq [n] \times [n] \times [n]$, nous entendons par $\langle S \rangle_T$, soit la *fermeture du sous-ensemble $S \subseteq [n]$ sous la relation T*, le plus petit sous-ensemble S' tel que $S \subseteq S'$ et tel que la condition suivante est respectée :

$$\forall (i,j,k) \in [n] \times [n] \times [n], \text{ si } i,j \in S' \text{ et } (i,j,k) \in T, \text{ alors } k \in S'.$$

Nous disons alors d'un élément k qu'il est généré par S si $k \in \langle S \rangle_T$. GEN est un problème où l'on nous donne une table de multiplications pour des éléments de 1 jusqu'à n (autrement dit, la table définit un opérateur sur un ensemble fini de n éléments) et nous cherchons à savoir si l'élément n peut être engendré à partir de l'élément 1. Voyons la définition formelle.

Définition 2.2.1 (Problème GEN).
Donnée : une fonction $g : [n] \times [n] \to [n]$, prescrivant une relation $T^g \subseteq [n] \times [n] \times [n]$, où $(i,j,k) \in T^g$ si et seulement si $g(i,j) = k$.
Question : est-ce que $n \in \langle \{1\} \rangle_{T^g}$?

Il existe également une généralisation de ce problème où l'entrée est un ensemble arbitraire de triplets.

Définition 2.2.2 (Problème RELGEN).
Donnée : une relation $T \subseteq [n] \times [n] \times [n]$.
Question : est-ce que $n \in \langle \{1\} \rangle_T$?

Définition 2.2.3. *Soit T un exemplaire de RELGEN. Si $n \in \langle \{1\} \rangle_T$, nous disons que T est positive, sinon que T est négative. Nous disons que l'exemplaire g de GEN est respectivement positif ou négatif, si T^g est positive ou négative.*

S'il peut y avoir ambiguïté, nous écrivons n-GEN et n-RELGEN pour la précision. Indifféremment, nous noterons parfois un triplet (i,j,k) par $i \times j = k$.

La définition des deux problèmes se ressemble mais la différence au niveau du type d'entrées cause une distinction notable. Avec GEN, pour tout $i, j \in [n]$, il existe un unique k tel que $(i,j,k) \in T^g$ où T^g est, rappelons-le, la relation définie par la fonction g donnée en entrée. Dans le cas de RELGEN, comme l'entrée est un ensemble arbitraire T de triplets, il est possible d'avoir deux triplets (i,j,k_1) et (i,j,k_2) inclus dans T, bien que $k_1 \neq k_2$. À l'inverse, pour un certain couple (i,j) fixé, il ne peut y avoir aucun triplet (i,j,k) dans l'ensemble T.

Une autre différence entre les deux problèmes est la taille de l'encodage de l'entrée. Pour GEN, il suffit d'un encodage de taille $n^2 \lceil \log n \rceil$ (pour toutes les n^2 multiplications possibles, nous encodons le résultat avec $\lceil \log n \rceil$ bits), tandis que pour RELGEN, une chaine de bits de taille n^3 est nécessaire.

Encodage de GEN : $\underbrace{\cdots}_{\lceil\log\rceil n \text{ bits pour } 1\times 1}\ \underbrace{\cdots}_{\lceil\log n\rceil \text{ bits pour } 1\times 2}\ \cdots\ \underbrace{\cdots}_{\lceil\log\rceil n \text{ bits pour } n\times n}$;

Encodage de RELGEN : $\underbrace{}_{1\times 1=1(1bit)}\underbrace{}_{1\times 1=2(1bit)}\ \cdots\ \underbrace{}_{i\times j=k(1bit)}\ \cdots\ \underbrace{}_{n\times n=n(1bit)}$.

Les deux problèmes peuvent aussi se voir comme les fonctions booléennes n-$GEN : [n]^{n^2} \to \{0, 1\}$ et n-$RELGEN : \{0, 1\}^{n^3} \to \{0, 1\}$. Notons que n-GEN n'est pas une fonction booléenne monotone, mais n-$RELGEN$ en est une.

Finalement, mentionnons brièvement quelques résultats connus à propos de GEN. Ces résultats font appel à des notions de complexité qui figurent aux sections 2.7 et 2.8 de ce chapitre :

– GEN et RELGEN sont P-complets [Coo74, JL76, BM91] ;
– $GEN_{(2rows)}$, c'est-à-dire GEN restreint tel que $i \times j \neq 1 \Rightarrow i \leq 2$ (autrement dit, seules les deux premières lignes du tableau de multiplications comptent), est NL-complet [BM91] ;
– $GEN_{(1row)}$, c'est-à-dire GEN restreint tel que $i \times j \neq 1 \Rightarrow i = 1$ (ici, seule la première ligne est importante), est L-complet [BM91].

2.3 Machine de Turing

Le modèle de calcul le plus classique est la machine de Turing (MT). Ce modèle est celui qui se rapproche le plus de nos ordinateurs modernes parmi tous ceux que nous verrons. Essentiellement, une MT est une machine avec un ruban arbitrairement grand, une tête de lecture sur le ruban, des états en nombre fini, et la possibilité d'écrire et de se déplacer sur le ruban. La MT reçoit son entrée sur son ruban et effectue tous ses calculs sur le même ruban. Enchainons avec la définition plus formelle.

Définition 2.3.1. *Une machine de Turing déterministe (MTD) M est un septuplet* $(Q, \Sigma, \Gamma, \delta, q_0, q_a, q_r)$ *ayant les caractéristiques suivantes :*

- Q est un ensemble fini d'états ;
- les mots donnés en entrée sont tirés de l'alphabet Σ ;
- les symboles sur le ruban sont tirés de Γ, et nous avons que $\sqcup \in \Gamma$ ($\sqcup$ étant le symbole d'un espace blanc) et $\Sigma \subseteq \Gamma$;
- $\delta : Q \times \Gamma \to Q \times \Gamma \times \{S, G, D\}$ est la fonction de transition et les symboles S, G et D ordonnent respectivement à la tête de lecture de ne pas bouger, de se déplacer à gauche, ou de se déplacer à droite ;
- $q_0 \in Q$ est l'état initial ;
- $q_a \in Q$ est l'état acceptant ;
- $q_r \in Q$ est l'état refusant.

Pour nous aider à décrire le fonctionnement d'une MT, nous parlons de « configuration » de cette dernière. Une configuration est une sorte d'image instantanée de la MT nous donnant toutes les informations requises pour savoir où est rendue la MT dans ses calculs et quelle est la prochain transition.

Définition 2.3.2. *Une* configuration *d'une MT* $M = (Q, \Sigma, \Gamma, \delta, q_0, q_a, q_r)$ *est un triplet de la forme* (u, q, v) *où* $u, v \in \Gamma^*$ *et* $q \in Q$. *Ce triplet nous dit que le mot contenu sur le ruban de la MT est la concaténation de* u *et* v, *que la tête de lecture est sous le premier symbole du mot* v, *et que la MT est dans l'état* q.

Exemple : Si la MT a sa tête de lecture en position i et est dans l'état q_7,

$$x_1 \quad x_2 \quad \ldots \quad \underline{x_i} \quad \ldots \quad x_n ,$$
$$\uparrow \quad q_7$$

alors la configuration de la MT est

$$(x_1 \ \ldots \ x_{i-1} \ , \ q_7 \ , \ x_i \ \ldots \ x_n) .$$

À l'étape initiale, une MT est dans la configuration (ϵ, q_0, w), où $w \in \Sigma^*$ est le mot d'entrée et ϵ est le symbole du mot vide, ce qui signifie qu'il n'y a aucun symbole à la gauche de la tête de lecture. La notation $(u, q, v) \Rightarrow (u', q', v')$ signifie que la MT peut passer de la première configuration à la seconde en une étape. Si la MT peut passer de la configuration c à la configuration c' en k étapes, nous le notons $c \Rightarrow^k c'$, et si nous savons simplement qu'elle peut se rendre à la configuration c' en un nombre quelconque d'étapes, nous écrivons $c \Rightarrow^* c'$.

Définition 2.3.3. *Une MTD M accepte un mot $w \in \Sigma^*$ s'il existe $u, v \in \Gamma^*$ tels que*

$$(\epsilon, q_0, w) \Rightarrow^* (u, q_a, v),$$

et M refuse w sinon.

Définition 2.3.4. *Pour un langage L, nous disons que $L \subseteq \Sigma^*$ est décidé par une MTD M si pour tout $w \in L$, M accepte w, et si pour tout $w \notin L$, M refuse w.*

Il existe plusieurs variantes des MT, nous ne nous intéresserons qu'à deux d'entre-elles, la MT à plusieurs rubans et la MT non déterministe (MTND). Commençons par la première.

Définition 2.3.5. *Une MTD à k rubans M est un septuplet $(Q, \Sigma, \Gamma, \delta, q_0, q_a, q_r)$ comme une MTD ordinaire, excepté que sa fonction de transition permet de lire, d'écrire et de se déplacer sur plusieurs rubans à la fois. Elle est définie comme suit :*

$$\delta : Q \times \Gamma^k \to Q \times \Gamma^k \times \{S, G, D\}^k.$$

Cette variante ne permet pas de décider davantage de langages que la MTD ordinaire, mais s'avère très utile pour définir l'espace de travail d'une MT car elle permet de séparer le ruban d'entrée, du ruban de travail et du ruban de sortie. L'autre variante très importante est celle qui incorpore le non déterminisme.

Définition 2.3.6. *Une MTND M est un septuplet $(Q, \Sigma, \Gamma, \delta, q_0, q_a, q_r)$ ayant les mêmes caractéristiques qu'une MTD, à l'exception que sa fonction de transition est définie différemment :*

$$\delta : Q \times \Gamma \to \mathcal{P}(Q \times \Gamma \times \{S, G, D\}),$$

où $\mathcal{P}(X)$ *est l'ensemble de toutes les partitions de l'ensemble* X*. Donc à toute étape, la MTND peut avoir plus d'une option de transition.*

Nous pouvons aussi combiner les deux dernières variantes des MT pour créer des MTND à k rubans. Cependant, toutes ces variantes savent décider les mêmes langages, et chacune peut être simulée par n'importe quelle autre. L'équivalence entre ces différentes variantes est démontrée dans [HMU01, section 7.8]. Les deux dernières mentions importantes au sujet des MT sont les mesures de *temps* et d'*espace de calcul*.

Définition 2.3.7. *Le* temps de calcul *d'une MT (toutes variantes confondues)* M *sur une entrée* w *est le nombre maximal de transitions avant l'arrêt de* M *sur* w*.*

Le temps de calcul de M *sur une entrée de taille* n *est le maximum de tous les temps de calcul de* M *sur entrée* w *tel que* $|w| = n$*, où* $|w|$ *dénote la taille de* w*.*

Et maintenant, pour l'espace, il faut être plus spécifique quant à la MT choisie.

Définition 2.3.8. *Soit une MT* M *à 2 rubans : un ruban d'entrée à lecture unique, et un ruban de travail à lecture et écriture. L'*espace de calcul *de* M *pour un mot* w *est le nombre de cellules visitées sur le ruban de travail lors du calcul de* M *sur* w*.*

L'espace de calcul de M *sur une entrée de taille* n *est le maximum de tous les espaces de calcul de* M *sur entrée* w *tel que* $|w| = n$*.*

2.4 Programmes de branchement

Cette section porte sur un modèle de calcul appelé les programmes de branchement (PB), aussi connu sous le nom de diagrammes de décisions binaires. Allons droit à la définition plus générale des PB déterministes n-aires introduite par [BC82].

Définition 2.4.1. *Un PB déterministe* n*-aire sur* m *variables* $x_1, \ldots, x_m$ *est un graphe acyclique dirigé* $G = (V, E)$ *avec une racine et deux puits (sommet de degré extérieur nul) ayant les caractéristiques suivantes :*

– *Un puits a pour étiquette 1 et l'autre 0 (ils peuvent aussi être nommés OUI et NON) ;*

- la racine est appelée la source ;
- tous les sommets (incluant la source mais excluant les deux puits) sont de degré extérieur n et portent comme étiquette une des m variables ;
- pour chaque sommet de degré extérieur n, une première arête est étiquetée par 1, une deuxième est étiquetée par 2, et ainsi de suite jusqu'à la n-ième arête.

Comment un PB effectue-t-il un calcul ? Une entrée $a = (a_1, a_2, \ldots, a_m) \in [n]^m$ active les arêtes étiquetées par a_i sortant d'un sommet x_i pour $1 \leq i \leq m$. Ceci étant réalisé, un chemin est alors activé de la racine au puits OUI ou NON. Nous disons qu'une entrée $(a_1, a_2, \ldots, a_m)$ est acceptée par le PB si et seulement si elle active un chemin menant de la source au sommet OUI. Nous disons que le PB calcule une fonction $f : \{1, 2, \ldots, n\}^m \to \{0, 1\}$ si $f(a_1, \ldots, a_m) = 1$ si et seulement si $(a_1, a_2, \ldots a_m)$ est acceptée par le PB.

Dans le cas binaire, nous utilisons des arêtes avec étiquette 0 et 1, plutôt que 1 et 2. Voici un exemple de PB binaire tiré de [Weg0C] portant sur la fonction HWB_n (« hidden weighted bit »).

Définition 2.4.2. *La fonction $HWB_n \in B_n$ sur une entrée $a = (a_1, \ldots, a_n)$ retourne le bit a_s où $s := a_1 + \ldots + a_n$. Pour l'entrée $a = (0, \ldots, 0)$ la fonction retourne 0.*

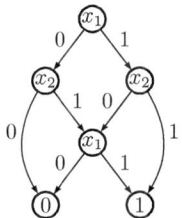

Figure 2.1 – PB déterministe binaire pour la fonction HWB_2.

Un exemple de PB déterministe 3-aire calculant 3-GEN est donné à la figure 2.2. Dans cet exemple, les entrées de la fonction 3-GEN sont des entrées d'une matrice 3×3 de multiplications.

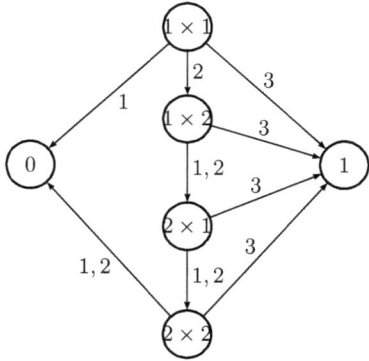

Figure 2.2 – PB déterministe 3-aire pour la fonction 3-GEN. Une arête ayant 2 étiquettes est une simplication pour représenter deux arêtes en une.

Nous pouvons maintenant passer à la version non déterministe des PB définie telle que par [BRS93].

Définition 2.4.3. *Un PB non déterministe n-aire sur m variables $x_1, \ldots, x_m$ est un graphe dirigé acyclique avec une racine, un seul puits, et des étiquettes portant uniquement sur les arêtes. Une arête ne possède ou bien aucune étiquette, ou bien une étiquette de la forme $x_i = j$, où x_i est une des m variables et $j \in [n]$. Le puits, qui est unique, porte l'étiquette 1.*

Dans le non déterminisme, une entrée $a_1, \ldots, a_m$ active toutes les arêtes avec une étiquette $x_i = j$ telle que $a_i = j$ pour $1 \leq i \leq m$ et $1 \leq j \leq n$, ainsi que toutes les arêtes sans étiquette. Cette entrée est acceptée par le PB si et seulement si, parmi les arêtes activées, il existe un chemin menant de la source à 1.

Un PB déterministe n-aire peut être vu comme un PB non déterministe n-aire dans lequel il n'existe aucune arête sans étiquette, dans lequel exactement n arêtes sortent de tous les sommets sauf du puits, et dans lequel toutes les arêtes sortant d'un même sommet ont une étiquette de la forme $x = j$ pour $j = 1, \ldots, n$ et pour la même variable x, comme si seule la variable x était questionnée au sommet en question.

Deux mesures sont utilisées plus couramment pour les PB : la *taille* et la *profondeur*.

Définition 2.4.4. *La taille d'un PB est son nombre total de sommets. La profondeur est la longueur du plus long chemin à partir de la source.*

Il peut exister beaucoup de chemins possibles menant de la source à un sommet arbitraire dans un PB. Il arrive fréquemment que certains de ces chemins ne peuvent être empruntés par aucune des entrées possibles. Nous appelons ces chemins des chemins inconsistants.

Définition 2.4.5. *Un chemin est dit consistant si pour chaque variable x_i rencontrée le long de ce dernier, nous ne rencontrons jamais deux étiquettes de la forme $x_i = j$ et $x_i = k$, où $j \neq k$.*

Un exemple de PB ayant des chemins inconsistants est le PB de la figure 2.3 qui calcule 4-GEN. Nous voyons qu'il y a beaucoup de chemins inconsistants, même si le PB résout effectivement 4-GEN.

Nous avons exploré le PB binaire et le PB n-aire. Alors une question se pose : par quel facteur la taille de ces deux types de PB est reliée ? Notons que le logarithme est toujours en base 2 dans ce mémoire.

Proposition 2.4.1 (MGK06). *Soit une fonction n-aire $f : [n]^t \to \{0, 1\}$, et soit $f_{bin} : \{0, 1\}^{t\lceil \log n \rceil} \to \{0, 1\}$ la fonction booléenne obtenue à partir de f en passant à l'encodage binaire. Si f peut être calculée par un PB n-aire de taille $s(n)$, alors f_{bin} est calculable par un PB binaire de taille $n \cdot s(n)$.*

Démonstration. Pour chaque sommet du PB n-aire, il faut l'équivalent de

$$2^0 + 2^1 + \ldots + 2^{\lceil \log n \rceil} = 2^{\lceil \log n \rceil + 1} - 1 \text{ sommets,}$$

donc approximativement n sommets (un arbre binaire complet de profondeur $\lceil \log n \rceil$) dans un PB binaire pour faire autant de branchements, d'où le facteur n. La transformation est illustrée à la figure 2.4. □

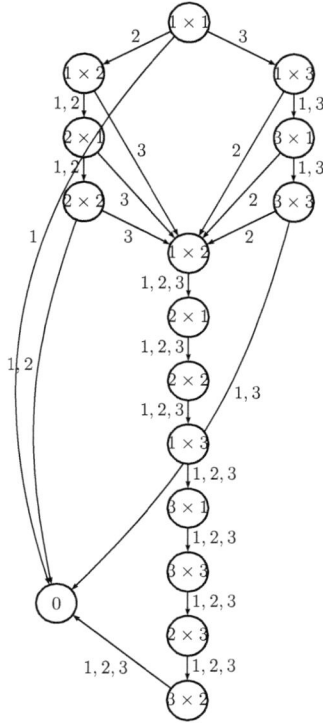

Figure 2.3 – PB 4-aire pour 4-GEN. À partir de chaque sommet, une arête avec étiquette 4 devrait se brancher sur le sommet 1 (non dessiné), mais ces arêtes n'apparaissent pas pour alléger le dessin.

Comme nous avons brièvement vu avec des exemples sur 3-GEN et 4-GEN, travailler avec les PB n-aires s'avère plus naturel. Fort heureusement, la proposition précédente nous montre que travailler avec les PB n-aires ne fait qu'augmenter la taille d'un facteur linéaire.

Un encodage possible d'un PB sur alphabet {0,1}, et celui auquel nous allons nous tenir, consiste à encoder le graphe topologique du PB par sa matrice d'adjacence et d'encoder les étiquettes dans une liste d'éléments compris entre 1 et n. Les deux pre-

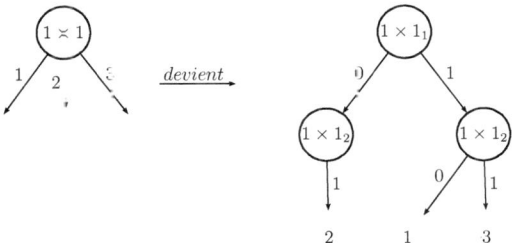

Figure 2.4 – Passage d'un PB 3-aire à binaire.

miers éléments de la liste forment l'étiquette de la source. Les n prochains éléments forment les étiquettes des n arêtes sortantes de la source. Les deux prochains éléments forment l'étiquette du second sommet et ainsi de suite. Si le PB est non déterministe, il faut se réserver un symbole particulier pour spécifier qu'un sommet ou une arête n'a pas d'étiquette. Si le PB a $s(n)$ sommets et $v(n)$ arêtes au total, alors la liste a une taille de $2s(n)+v(n)$. La matrice d'adjacence requiert $s(n)^2$ bits, tandis que la liste en prend $(2s(n)+v(n))\lceil \log n \rceil$. Comme $v(n) \leq s(n)^2$, l'encodage est au maximum de taille

$$s(n)^2 + (2s(n) + s(n)^2)\lceil \log n \rceil \in \mathcal{O}(s(n)^2 \log n).$$

2.5 Circuits booléens

Le circuit booléen est un autre modèle de calcul qui reviendra souvent dans de ce mémoire. Le circuit booléen comporte une structure de graphe, et nous utilisons les mots *entrance* et *sortance* respectivement en lieu et place des vocables degré intérieur et degré extérieur. La définition formelle du circuit suit.

Définition 2.5.1. *Un circuit booléen avec base B (B étant un ensemble de fonctions booléennes), n variables d'entrée $x_1, \ldots, x_n$ et m sorties $y_1, \ldots, y_m$ est un quadruplet*

$$C = (V, E, \beta, \omega),$$

où $G = (V, E)$ *est un graphe dirigé acyclique, β et ω sont deux fonctions, $\beta : V \rightarrow B \cup \{x_1, \ldots, x_n\}$ et $\omega : V \rightarrow \{y_1, \ldots, y_m\} \cup \{*\}$, tels que les conditions suivantes sont respectées :*

- *si $v \in V$ est d'entrance nulle, alors $\beta(v) \in \{x_1, \ldots, x_n, 1, 0\}$;*
- *si $v \in V$ est d'entrance $k > 0$, alors $\beta(v)$ est une fonction booléenne k-aire provenant de la base B, et le sommet v est dit une* porte logique *;*
- *pour tout i, $1 \leq i \leq n$, il y a au plus un sommet $v \in V$ tel que $\beta(v) = x_i$;*
- *pour tout i, $1 \leq i \leq n$, il y a exactement un sommet $v \in V$ tel que $\omega(v) = y_i$.*

Si $\beta(v) = x_i$, alors v est une des n entrées, et si $\omega(v) \neq *$, alors v est une des m sorties. Pour une entrée donnée, les sommets étiquetés par des variables prennent les valeurs provenant de l'entrée, et le circuit procède à l'évaluation de chacune des portes logiques jusqu'à ce que la sortie puisse être évaluée. À titre d'exemple, la figure 2.5 illustre un circuit booléen pour calculer la somme modulo 2 de deux bits.

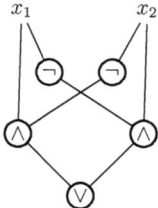

Figure 2.5 – Circuit booléen pour la fonction $f = x_1 \oplus x_2$.

La taille et la profondeur sont les deux mesures principales concernant les circuits.

Définition 2.5.2. *La* taille *d'un circuit est son nombre de portes logiques.*

Nous utilisons $Taille(C)$ pour représenter la taille d'un circuit C. Pour $f \in B_n$, nous dénotons par $C(f)$ la taille du plus petit circuit calculant f.

Définition 2.5.3. *La* profondeur *d'un circuit est la longueur du plus long chemin à partir d'une entrée jusqu'à une sortie.*

Le choix de la base B est une caractéristique cruciale d'un circuit booléen. Beaucoup de résultats changent complètement suivant le choix de cette dernière. Nous ne considèrons que la base dite standard, soit $\{\neg, \wedge, \vee\}$ c'est-à-dire la négation, la conjonction et la disjonction, où $\neg$ est une fonction unaire, et $\wedge$ ainsi que $\vee$ sont binaires. Lorsque aucune mention de la base n'est faite, il est sous-entendu que la base utilisée est la base standard. Mais quand nous parlons de circuits monotones, des circuits sans négation, nous utilisons la base $\{\wedge, \vee\}$. Aussi, la plupart du temps nous utilisons des circuits avec une seule sortie.

Les modèles de calcul peuvent se simuler entre eux. Le résultat suivant nous apprend en particulier comment une MT qui fonctionne en temps polynomial peut être simulée par un circuit booléen de taille elle-aussi polynomiale.

Théorème 2.5.1 ([PF79]) *Soit M une MT, et soit $T(n)$ une borne sur le nombre d'étapes que M exécute sur toute entrée de taille n. Alors il existe une famille de circuits $\{C_n\}_{n\geq 0}$ qui simule M pour chaque entrée de taille n, et ces circuits sont tels que la taille du n-ième circuit de la famille est de l'ordre de $O(T(n)\log T(n))$.*

Une autre relation intéressante concerne la taille d'un PB par rapport à la profondeur d'un circuit.

Proposition 2.5.2 ([Bor77]). *Soit une fonction booléenne monotone $f \in B_t$. Si f se calcule par un PB monotone non déterministe de taille $s(t)$, alors f est aussi calculable par un circuit booléen monotone de profondeur $O((\log s(t))^2)$ avec portes $\{\wedge, \vee\}$ d'entrance 2.*

2.6 Machine à jetons

La machine à jetons est un modèle de calcul qui fut introduit dans [Coo74]. Les définitions et règles que nous respectons sont celles énoncées dans [GKM08]. Une machine à jetons se sert de jetons pour marquer des éléments et lorsqu'elle réussit enfin à marquer l'élément n en suivant les règles, la machine déclare que n peut être généré à partir de 1.

L'entrée d'une machine à jetons M est un exemplaire $T \subseteq [n]^3$ de RELGEN. Une configuration de M est un sous-ensemble C de $[n]$; cela identifie les éléments qui ont un jeton. Étape par étape, M modifie sa configuration C vers C' de l'une des trois façons suivantes :

- $C' = C \cup \{1\}$, soit M met un jeton sur 1.
- $C' = C \setminus \{r\}$, soit M enlève un jeton d'un élément r arbitraire.
- $C' = C \cup \{z\}$, soit M met un jeton sur l'élément z, attendu toutefois qu'il existe $x, y \in C$ tels que $(x, y, z) \in T$.

La configuration initiale est l'ensemble vide. Une configuration C est dite acceptante si $n \in C$. M accepte T s'il existe une suite de configurations $C_0, C_1, \ldots, C_m$ où $C_0 = \emptyset$, C_i suit d'une règle légale C_{i-1}, et C_m est une configuration acceptante.

Bien qu'il existe plusieurs résultats importants sur les machines à jetons, elles ne jouent qu'un petit rôle dans ce mémoire. Cela étant, elles trouvent leur utilité dans l'une des preuves du chapitre 5.

2.7 Classes de complexité

Un nombre faramineux de classes de complexité ont été étudiées, mais nous regarderons seulement un petit nombre d'entres elles.

Définition 2.7.1. *La classe AC est l'union de toutes les classes AC^i, pour $i \geq 0$, où AC^i est la classe de tous les langages décidables par un circuit booléen (dans la base standard) de profondeur $O(\log^i n)$ et de taille polynomiale avec les portes $\wedge$ et $\vee$ d'entrance arbitraire.*

$$AC = \bigcup_{i \geq 0} AC^i.$$

Définition 2.7.2. *La classe NC est l'union de toutes les classes NC^i, pour $i \geq 0$, où NC^i est la classe de tous les langages décidables par un circuit booléen de profondeur $O(\log^i n)$ et de taille polynomiale. L'entrance des portes $\wedge$ et $\vee$ est de 2.*

$$NC = \bigcup_{i \geq 0} NC^i.$$

Par rapport à la classe AC, nous savons que $AC^i \subseteq NC^{i+1}$ [Vol99, p. 108] et donc AC = NC. Pour une fonction naturelle $T : \mathbb{N} \to \mathbb{N}$, nous pouvons définir de manière générale toutes sortes de classes de complexité. Les notations communément utilisées sont les suivantes :

- DSPACE$(O(T(n)))$: les langages décidés par une MTD utilisant une quantité d'espace $O(T(n))$;
- NSPACE$(O(T(n)))$: les langages décidés par une MTND utilisant une quantité d'espace $O(T(n))$;
- DTIME$(O(T(n)))$: les langages décidés par une MTD en temps $O(T(n))$;
- NTIME$(O(T(n)))$: les langages décidés par une MTND en temps $O(T(n))$.

C'est surtout lorsque $T(n)$ est un logarithme ou un polynome que ces classes nous intéressent.

Définition 2.7.3. *La classe L, ou $DSPACE(O(\log n))$, est celle de tous les langages décidables par une MTD utilisant seulement une quantité logarithmique d'espace.*

Fait : L contient la classe NC^1 [Bor77].

Définition 2.7.4. *La classe NL, ou $NSPACE(O(\log n))$, est l'ensemble de tous les langages décidables par une MTND en espace logarithmique.*

Comme une machine déterministe est aussi une machine non déterministe, nous avons l'inclusion L $\subseteq$ NL. Autre fait : NL $\subseteq NC^2$ [Bor77].

Définition 2.7.5. *La classe P, ou $DTIME(n^{O(1)})$, est l'ensemble de tous les langages décidables par une MTD en temps polynomial.*

Nous ne savons pas si les classes L et P sont différentes ou non, mais nous savons qu'il y a inclusion dans le sens suivant.

Proposition 2.7.1. $L \subseteq P$.

Démonstration. Soient un langage A et une MTD M qui décide A. Supposons que M fonctionne en espace logarithmique, disons $c\lceil \log n \rceil$. Il se trouve que cette même machine décide un mot en temps polynomial ou boucle. Sur une entrée w, si la machine passe deux fois par une même configuration, alors elle boucle. Le plus long chemin que la machine peut prendre pour accepter ou refuser (sans boucler) un mot consiste à faire le tour de toutes les configurations possibles. Or, le nombre total de configurations est $k^{c\lceil \log n \rceil} \in O(n^{\theta(1)})$, où k est une constante égale au nombre total de symboles possibles que nous pouvons inscrire sur une case du ruban. Ainsi, il n'y a qu'un nombre polynomial de configurations possibles.

Construisons une machine M' à partir de M telle que M' simule M et utilise un ruban supplémentaire pour compter jusqu'à $k^{c\lceil \log n \rceil}$. Si M n'accepte pas un mot avant que le compteur atteigne $k^{c\lceil \log n \rceil}$, alors le mot est refusé par M' car M boucle à l'infini. Clairement, M' décide A en temps polynomial. □

Définition 2.7.6. *La classe NP, ou $NDTIME(n^{O(1)})$, est l'ensemble de tous les langages décidables par une MTND en temps polynomial.*

L'inclusion P $\subseteq$ NP va de soi.

2.8 Réduction et complétude

Les concepts de réduction et de complétude sont centraux en théorie de la complexité. La réduction transforme un problème en un autre, et la complétude, par le biais d'une réduction, met en lumière que certains problèmes synthétisent à eux seuls toute la « difficulté » d'une classe.

Définition 2.8.1. *Un langage A est* réductible *à un langage B, $A \leq B$, s'il existe une fonction $f : \Sigma^* \to \Sigma^*$, où A et B partagent le même alphabet Σ, telle que*

$$x \in A \Leftrightarrow f(x) \in B.$$

Si f est une fonction calculable en temps polynomial par une machine de Turing, alors la réduction est dite *polynomiale*, $A \leq_{\text{poly}} B$. Si f est calculable en espace logarithmique par une machine de Turing, alors la réduction est dite *logarithmique*,

$A \leq_{\log} B$. Les réductibilités $\leq_{\text{poly}}$ et $\leq_{\log}$ sont toutes deux transitives. La réductibilité logarithmique est celle que nous utilisons dans ce travail.

Définition 2.8.2. *Soit une classe C, où C peut être la classe L, NL, P ou NP. Un langage A est C-complet si*

1. $A \in C$ *(A appartient à la classe C).*
2. *Pour tout langage $B \in C$, $B \leq_{\log} A$ (A est C-ardu).*

Il est utile de connaître des exemples de problèmes complets pour bien comprendre les classes. Par exemple, un problème NL-complet est GAP :

Définition 2.8.3 (Problème GAP, le « graph accessibility problem »).
Donnée : un graphe G, et deux sommets s, t.
Question : est-ce qu'il existe un chemin de s à t ?

Deux problèmes P-complets importants sont GEN et CVP. Nous connaissons déjà le premier pour lequel la preuve de complétude se trouve dans [Coo74, JL76], mais le second langage n'a pas encore été rencontré.

Définition 2.8.4 (Problème CVP, le « circuit value problem » [Lad75]).
Donnée : un circuit et la valeur de ses n entrées.
Question : quelle est la valeur de la porte de sortie du circuit ?

Le problème classique NP-complet qui sert souvent dans les réductions est 3SAT.

Définition 2.8.5 (Problème 3SAT).
Donnée : une formule en forme normale conjonctive avec 3 littéraux par clause.
Question : existe-t-il une affectation aux variables telle que la formule soit vraie ?

2.9 Non uniformité

Les classes L, NL, P, NP sont dites uniformes car le modèle de calcul utilisé pour les définir est uniforme au sens où chaque langage de la classe peut être décidé par une même machine de Turing, donc par un mécanisme fini. Un modèle de calcul est non uniforme s'il faut un différent algorithme pour chaque taille d'entrée, un exemple d'un tel modèle est le circuit booléen. Nous pouvons rendre les machines de Turing non uniformes en ajoutant à l'entrée de la machine une chaine de caractères dépendant de la taille de la première entrée. Cette deuxième entrée s'appelle un indice. La définition de complexité non uniforme provient de [KL80].

Définition 2.9.1. *Soit une classe de langages K. Un langage L est dans l'ensemble K/poly s'il existe un langage A dans K et un ensemble d'indices $(a_0, a_1, \ldots)$ tels que $|a_n| \leq n^{O(1)}$ pour tout n et tels que le mot x est dans L si et seulement si $(x, a_{|x|}) \in A$.*

Si K est la classe P, nous avons P/poly, ou si K est la classe L, nous obtenons L/poly. En ce qui concerne P/poly, de manière équivalente grâce à la preuve que CVP est P-complet de [Lad75], P/poly est aussi la classe des langages décidables par une famille de circuits booléens de tailles polynomiales.

CHAPITRE 3

MOTIVATION

Nous exposons ici certains résultats très importants qui ont motivé l'étude des classes L, P, et du problème GEN.

3.1 Espace versus temps

Nous savons démontrer jusqu'à ce jour les inclusions suivantes :

$$L \subseteq NL \subseteq P.$$

Trivialement, $L \subseteq NL$. La preuve de la seconde inclusion nous amène plutôt étonnamment sur la piste des PB, en nous faisant réaliser une caractéristique fondamentale de ces derniers. Nous allons prouver la seconde inclusion, mais pour ce faire nous passons par un résultat plus général (démontré par exemple dans [HMU01]).

Théorème 3.1.1. *Soit $A \subseteq \{0,1\}^*$ et $A \in NSPACE(s(n))$, où $s(n) \in \Omega(\log n)$. Alors il existe une constante c telle que $A \in DTIME(c^{s(n)})$.*

Démonstration. Nous avons une MTND à deux rubans avec espace $s(n)$ qui reconnait A. Sur une entrée $x = x_1 x_2 \cdots x_n$, nous obtenons une suite de k configurations de la MTND comme dans l'exemple à la figure 3.1.

Puisque la machine est non déterministe, nous avons plusieurs chemins, ou suites de configurations possibles, pour une même entrée. Nous allons représenter cet éventail de possibilités par le graphe dirigé de toutes les configurations de la machine (voir figure 3.2). Il existe une arête dirigée d'une configuration X à une configuration Y si la machine peut passer de la configuration X à la configuration Y.

Une fois le graphe construit, déterminer si le mot x appartient au langage A ne revient qu'à une question d'accessibilité dans un graphe ayant $r^{s(n)}$ sommets (cette quantité est le nombre total de configurations possibles, et r est une constante). Il est

$$
\begin{array}{r l}
1. & \left\{\begin{array}{llllll} \text{Lecture} & \underline{x_1} & x_2 & x_3 & \ldots & x_n \\ & \uparrow & & & & \\ & q_0 & & & & \\ \text{Écriture} & \underline{\sqcup} & \sqcup & \ldots & & \\ & \uparrow & & & & \\ & q_0 & & & & \end{array}\right. \\
\\
2. & \left\{\begin{array}{llllll} \text{Lecture} & x_1 & \underline{x_2} & x_3 & \ldots & x_n \\ & & \uparrow & & & \\ & & q_4 & & & \\ \text{Écriture} & d_1 & \underline{\sqcup} & \sqcup & \ldots & \\ & & \uparrow & & & \\ & & q_{11} & & & \end{array}\right. \\
\vdots & \\
k. & \left\{\begin{array}{llllll} \text{Lecture} & x_1 & x_2 & x_3 & \ldots & \underline{x_n} \\ & & & & & \uparrow \\ & & & & & q_a \\ \text{Écriture} & d_1 & d_2 & d_3 & \ldots & \underline{d_{t(n)}} & \sqcup & \ldots \\ & & & & & \uparrow \\ & & & & & q_a \end{array}\right.
\end{array}
$$

Figure 3.1 – Exemple d'une suite de configurations pour une MTND à deux rubans

plutôt simple de déterminer si un chemin existe de la configuration initiale au sommet OUI à l'aide d'une fouille en profondeur, ce qui requiert un temps de l'ordre $r^{2s(n)} = c^{s(n)}$ où $c = r^2$. □

Corollaire 3.1.2. $NL \subseteq P$.

Démonstration. Si $A \in NSPACE(\log n)$, alors nous avons $A \in DTIME(n)$, par le théorème précédent. □

Voyons maintenant comment nous trouvons dans la preuve du théorème 3.1.1 la piste pour construire un PB à partir d'une MT.

Théorème 3.1.3 ([Cob66]). *Soit un langage* $A \subseteq \{0,1\}^*$ *tel que* $A \in DSPACE(s(n))$, *où* $s(n) \in \Omega(\log n)$. *Alors il existe une constante c telle que pour tout n, il existe un PB de taille* $c^{2s(n)}$ *qui reconnait le langage A.*

Démonstration. Nous reprenons ici le graphe que nous avons construit au théorème 3.1.1. Le graphe fonctionne aussi bien pour une MTND qu'une MTD.

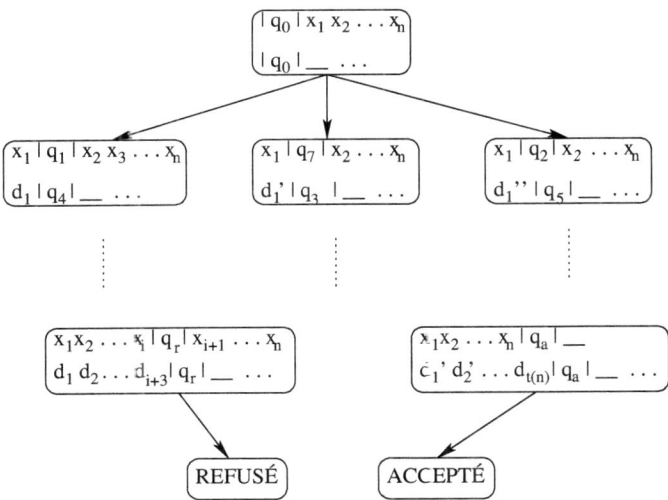

Figure 3.2 – Graphe des configurations d'une MTND pour une entrée x.

Pour une configuration donnée, disons

$$\begin{array}{llcccc} \text{Lecture} & x_1 & x_2 & \underline{x_3} & \ldots & x_n \\ & & & \uparrow & q_{11} & \\ \text{Écriture} & d_1 & d_2 & \underline{d_3} & \ldots & d_n \;\sqcup\; \ldots \;, \\ & & & \uparrow & q_7 & \end{array}$$

la prochaine transition dépend uniquement de la valeur de x_3 de l'entrée. Alors pour obtenir un PB à partir du graphe, nous conservons comme étiquette de chaque sommet uniquement le nom de la variable x_i de l'entrée qui est questionnée, et l'arête menant à la prochaine configuration si $x_i = 1$ est étiquetée par 1 et ou par 0 si $x_i = 0$. Le graphe est devenu le PB de la figure 3.3.

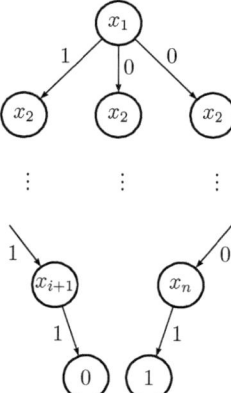

Figure 3.3 – PB non déterministe dérivé du graphe des configurations de la MTND pour une entrée x.

Toutefois, un problème peut surgir : il pourrait y avoir un cycle dans le graphe. La méthode pour esquiver ce problème est de créer autant de répliques du graphe qu'il y a de sommets et de les placer une en dessous de l'autre. S'il y avait une arête du sommet X au sommet Y, alors il y a maintenant une arête du sommet X de chaque copie (sauf la dernière) vers le sommet Y de la copie en-dessous. Cela fait, il n'y a plus de cycle et la une taille du PB est passée au carré, soit $c^{2s(n)}$. □

Très naturellement, le résultat se transpose aussi dans le cas non déterministe.

Théorème 3.1.4. *Soit un langage $A \subseteq \{0,1\}^*$ tel que $A \in NSPACE(s(n))$, où $s(n) \in \Omega(\log n)$. Alors il existe une constante c telle que pour tout n, il existe un PB non déterministe de taille $c^{2s(n)}$ qui reconnait le langage A.*

Nous savons que GEN est P-complet. Si toutefois L = P, alors il existe un algorithme fonctionnant en espace logarithmique qui reconnait le langage GEN, et donc par le théorème 3.1.3, il existe aussi un PB de taille polynomial qui reconnait GEN. Notre intuition nous porte davantage vers la conjecture L $\subsetneq$ P. Nous pourrions en avoir confirmation si nous prouvions qu'il n'existe aucun PB de taille polynomiale pouvant reconnaître GEN. Ce langage est notre candidat de prédilection dans la chasse au contre-exemple, c'est-à-dire la chasse à un langage qui n'est pas dans L mais qui est dans P.

CHAPITRE 4

APPROFONDISSEMENT DE GEN

Dans ce chapitre, il est principalement question des deux modèles de calcul utilisés dans ce mémoire pour résoudre GEN. Premièrement, nous exhibons un circuit booléen spécifique de taille polynomiale qui résout GEN. Par la suite, nous discutons de propriétés concernant les PB, comme le calcul serré et l'incrémentalité. Nous définissons ces termes et découvrons que les PB qui respectent certaines de ces propriétés sont de taille exponentielle. Ces résultats sont connus de [GKM08]. La suite du chapitre fait partie de notre contribution au sujet. Nous y démontrons comment retrouver la propriété d'incrémentalité sur certains PB qui ne l'ont pas, c'est-à-dire ceux n'ayant qu'un seul sommet non incrémental et suivant une restriction supplémentaire que nous énonçons plus loin. Nous abordons ensuite l'étude des mintermes et maxtermes de RELGEN, qui, comme nous l'apprenons, sont en nombre d'ordre exponentiel. Nous concluons sur la puissance de calcul des PB sémantiques et syntaxiques incrémentaux, à l'effet qu'ils peuvent calculer les mêmes fonctions, mais qu'il en existe certaines qu'ils ne savent pas calculer tous les deux.

4.1 Circuit booléen pour résoudre GEN

Nous avons mentionné que GEN est un problème P-complet. Comme il existe une machine de Turing qui décide GEN en temps polynomial, il existe donc une famille de circuits booléens de taille polynomiale qui décide GEN (théorème 2.5.1).

La figure 4.1 illustre un tel circuit. Il reçoit en entrée l'encodage d'un tableau n par n en $n^2 \lceil \log n \rceil$ bits, et le convertit immédiatement en encodage monotone de taille n^3 bits. C'est le module 1 qui se charge de faire ceci. À la figure 4.2 sont illustrés les détails de ce module. Sans chercher à être optimal, pour trouver le résultat du produit

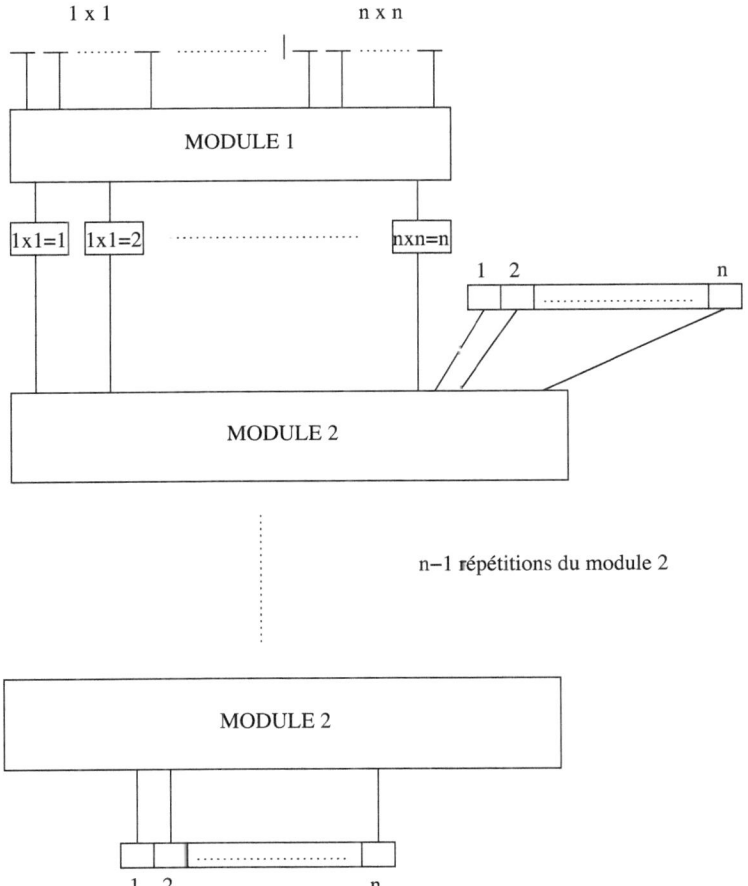

Figure 4.1 – Circuit booléen pour GEN.

$i \times j$ qui est écrit en binaire avec $\lceil \log n \rceil$ bits sous la forme suivante :

$$(i \times j)_{\lceil \log n \rceil} \cdots (i \times j)_2 \cdot (i \times j)_1,$$

il suffit de n tests qui vérifient si le nombre binaire est 1, ou 2, et ainsi de suite jusqu'à n. Chacun de ces n tests requiert au maximum $2\lceil \log n \rceil$ portes logiques. Alors, n de ces tests requièrent $2n\lceil \log n \rceil$ portes, et comme il y a n^2 produits, le module 1 est de taille bornée par $2n^3 \lceil \log n \rceil$, ce qui est d'ordre polynomial.

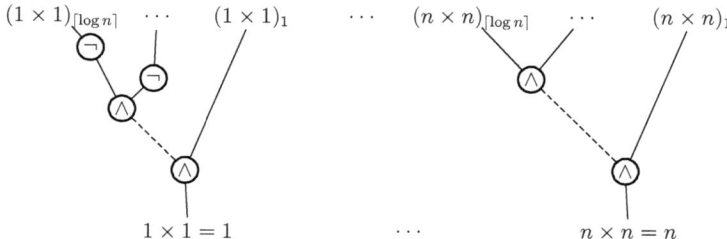

Figure 4.2 – Circuit booléen du module 1. Une entrée $i \times j_k$ doit être interprétée comme étant le k-ième bit du résultat du produit $i \times j$.

Ensuite le module 2 reçoit l'encodage monotone du tableau et reçoit aussi un tableau de taille 1 par n lui indiquant quels éléments parmi l'ensemble $\{1, ..., n\}$ ont été engendrés jusqu'à présent. Initialement, toutes les cases de ce tableau sont nulles sauf la première, car nous partons toujours de l'élément 1 pour générer les autres. Le module 2 vérifie alors, à partir des éléments jusqu'à présent engendrés, quels sont ceux qui peuvent être engendrés par une seule multiplication, et le module met ensuite à jour le tableau des éléments générés. La figure 4.3 montre comment est fait le module 2. La mise à jour de chaque case du tableau requiert $2(n^2 + \lceil \log n \rceil)$ portes logiques, et comme il y a n cases, la taille du module est $2(n^3 + n\lceil \log n \rceil)$, ce qui est de l'ordre polynomial.

Après n répétitions du module 2, tous les éléments qui pouvaient être générés seront générés. Alors s'il y a un bit 1 dans la case n du tableau final, n est bel et bien dans la fermeture de 1. Donc, le circuit calcule la bonne fonction et est de taille polynomiale par rapport à la taille de l'entrée :

$$|\text{MODULE 1}| + n \times |\text{MODULE 2}| = 2n^3 \lceil \log n \rceil + 2n^4 + 2n^2 \lceil \log n \rceil \in O(n^4).$$

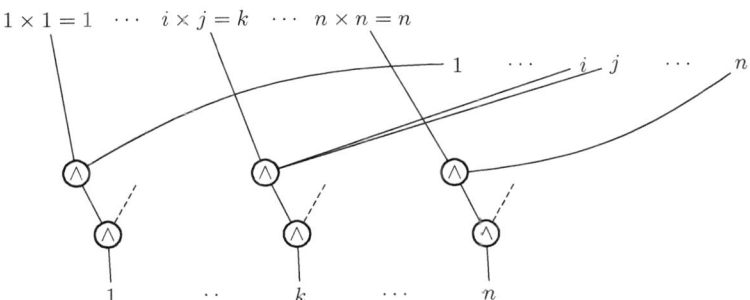

Figure 4.3 – Circuit booléen du module 2.

4.2 Programme de branchement pour résoudre GEN

S'il existe un PB de taille polynomiale calculant GEN, nous avons GEN $\in$ L/poly. En fait, cela serait très surprenant étant donné que tous les PB connus calculant GEN sont de taille exponentielle. C'est pourquoi GEN est plutôt vu comme un bon candidat pour séparer L de P, tel que nous l'avons vu au chapitre précédent.

Les définitions et résultats qui suivent, dus à [GKM08], nous aident à étudier les caractéristiques des PB que nous utilisons pour résoudre GEN et même à prouver des bornes inférieures sur la taille de PB munis de certaines restrictions.

Soit $i \in [n]$, $\chi_n(i)$ dénote la chaine de n bits $0^{i-1} \cdot 1 \cdot 0^{n-i}$ (où le symbole $\cdot$ est l'opération de concaténation), et nous pouvons simplement écrire $\chi(i)$ lorsque n est évident. Soit g un exemplaire de n-GEN, le même symbole χ appliqué à g, donc $\chi(g)$, dénote aussi l'exemplaire encodé en n^3 bits de RELGEN : $\chi(g(1,1)) \cdot \chi(g(1,2)) \cdots \chi(g(n,n))$. Ainsi, les fonctions GEN et $RELGEN$ prennent la même valeur respectivement sur

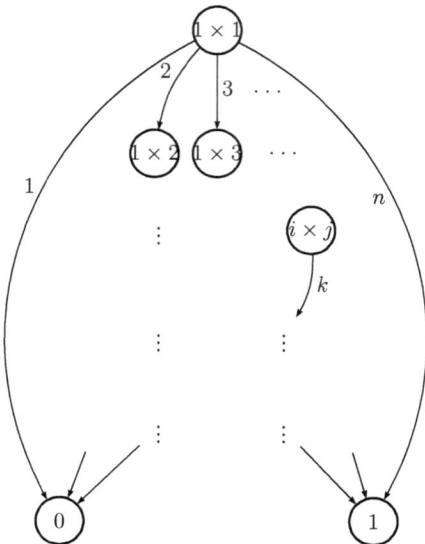

Figure 4.4 – Représentation d'un PB n-aire qui résout GEN.

entrées g et $\chi(g)$, c'est-à-dire $GEN(g) = RELGEN(\chi(g))$.

Prenons un exemplaire $w \in \{0,1\}^{n^3}$ de n-RELGEN. Nous utilisons un système d'indices pour faire référence à différentes parties de la chaine w. Si nous voulons traiter d'une des n^2 sous-chaines de n bits, nous utilisons $w_{i,j}$ pour dénoter la $((i-1)n+j)$-ième telle sous-chaine. Cette dernière est composée de n bits et son k-ième bit nous indique si $i \times j = k$. Pour préciser un de ces n bits, nous utilisons un troisième indice : $w_{i,j,k}$.

Un triplet de la forme $(i,j,1)$, impliquant que $i \times j = 1$, est appelé un triplet *trivial*, car générer l'élément 1 est trivial puisque cet élément est toujours dans la fermeture $\langle \{1\} \rangle_T$. Nous écrivons $TRIVEXT(w)$ (signifiant l'*extension triviale*) pour désigner la nouvelle chaine obtenue en assignant la valeur 1 à toutes les positions $w_{i,j,1}$. Rajouter la possibilité à tous les couples (i,j) d'engendrer 1 n'augmente pas la fermeture de 1,

alors
$$\tilde{R}ELGEN(w) = RELGEN(TRIVEXT(w)).$$

Une sous-chaine $w_{..j}$ est dite *lourde*, lorsque parmi les n bits qui la composent, deux bits ou plus sont des 1.

4.3 Calcul serré

Soit P, un PB n-aire déterministe ou non déterministe qui calcule n-GEN. Nous dénotons par $MON(P)$ le PB binaire non déterministe obtenu de P en appliquant la transformation suivante : pour chaque arête de la forme $i \times j = k$ de P, nous remplaçons son étiquette par $w_{i,j,k} = 1$. Voir l'exemple de la figure 4.5 qui reprend l'exemple de la figure 4.4.

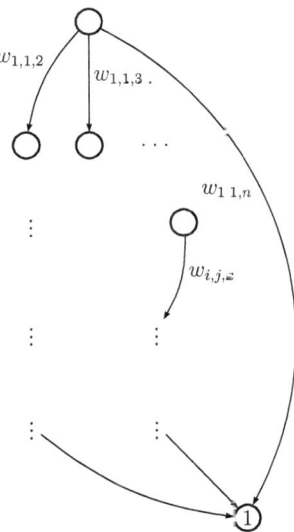

Figure 4.5 – Transformation d'un PB en forme non déterministe.

Avec cette transformation, nous sommes passés de P qui reçoit une entrée de taille

$n^2 \lceil \log n \rceil$ à $MON(P)$ qui reçoit une entrée de taille n^3. Donc, pour g, un exemplaire de n-GEN, P et $MON(P)$ répondent de la même façon sur entrées g et $\chi(g)$, respectivement. Toutefois, $MON(P)$ peut aussi recevoir des entrées w qui contiennent des sous-chaines lourdes, et donc ne correspondent pas à des entrées de la forme $\chi(g)$.

Comme $MON(P)$ n'utilise que des arêtes étiquetées de la forme $w_{i,j,k} = 1$, si nous avons deux exemplaires de n-RELGEN w et w' tels que $w \leq w'$, alors $MON(P)$ accepte w' s'il accepte w et refuse w s'il refuse w'. En fait, $MON(P)$ calcule une fonction booléenne monotone que nous dénotons par $f_{MON(P)}$ et qui est telle que

$$GEN(g) = RELGEN(\chi(g)) = f_{MON(P)}(\chi(g)), \text{ où } g \in \{0,1\}^{n^2 \lceil \log n \rceil}.$$

Donc $MON(P)$ retourne la même valeur que la fonction GEN lorsque nous lui donnons une entrée de la forme $\chi(g)$, mais comment réagit-il pour une entrée $w \in \{0,1\}^{n^3}$ quelconque, $f_{MON(P)}(w) = RELGEN(w)$? Étonnamment, en ajoutant une restriction supplémentaire relativement simple à P, nous pouvons obtenir une borne inférieure exponentielle sur la taille de P.

Nous savons que la valeur de $f_{MON(P)}$ est la même que celle de RELGEN sur une entrée de la forme $\chi(g)$, mais nous allons aussi exiger que $f_{MON(P)}$ ait la même valeur que RELGEN sur l'extension triviale de toute entrée $\chi(g)$, en un mot

$$f_{MON(P)}(TRIVEXT(\chi(g))) = RELGEN(TRIVEXT(\chi(g))).$$

Rappelons que $f_{MON(P)}$ est une monotone. Comme $\chi(g) \leq TRIVEXT(\chi(g))$, si $f_{MON(P)}(\chi(g)) = 1$, alors $f_{MON(P)}(TRIVEXT(\chi(g))) = 1$. Puisque nous avons $RELGEN(\chi(g)) = RELGEN(TRIVEXT(\chi(g)))$, notre condition supplémentaire est en fait équivalente à n'imposer que

$$f_{MON(P)}(TRIVEXT(\chi(g))) = 0 \text{ si } f_{MON(P)}(\chi(g)) = 0.$$

Autrement dit, comme ajouter l'extension triviale ne permet pas de générer davantage d'éléments, il ne faut pas que $f_{MON(P)}$ accepte l'extension triviale si elle n'accepte pas $\chi(g)$. Ou encore, en d'autres mots, nous exigeons que pour aucun exemplaire g de n-GEN tel que ce dernier n'ait aucun chemin acceptant dans P, un chemin acceptant ne puisse apparaître si soudainement g avait aussi le droit d'emprunter des arrêtes avec étiquette $i \times j = 1$ en plus d'arêtes qu'il est normalement autorisé à traverser.

Définition 4.3.1 ([GKM08]). *Soit P un PB n-aire déterministe ou non déterministe qui calcule n-GEN P calcule n-GEN de* manière serrée *si pour tout exemplaire g de n-GEN, nous avons*

$$f_{MON(P)}(\chi(g)) = 0 \Rightarrow f_{MON(P)}(TRIVEXT(\chi(g)) = 0.$$

Définition 4.3.2 ([GKM08]). *Soit $f : \{0,1\}^{n^3} \to \{0,1\}$. Nous disons que f représente n-GEN si $f(\chi(g)) = RELGEN(\chi(g))$ pour tout exemplaire g de n-GEN.*

De plus, f représente n-GEN de manière serrée si

$$f(TRIVEXT(\chi(g)) = RELGEN(TRIVEXT(\chi(g)))$$

pour tout exemplaire g de n-GEN.

De ces deux définitions, la proposition suivante suit naturellement.

Proposition 4.3.1 ([GKM08]). *Un PB n-aire P calcule n-GEN si et seulement si $f_{MON(P)}$ représente n-GEN, et P calcule n-GEN de manière serrée si et seulement si $f_{MON(P)}$ représente n-GEN de manière serrée.*

Tout ce travail pour aboutir à la définition d'un PB qui calcule GEN de manière serrée, ce qui en fait revient à une simple restriction sur les questions $i \times j = 1$, a mené à une borne inférieure exponentielle sur la taille de ces PB.

Théorème 4.3.2 ([GKM08, RM99]). *Pour un certain $\lambda > 0$ et pour tout t suffisamment grand, toute fonction $f : \{0,1\}^t \to \{0,1\}$ qui représente GEN de manière serrée requiert un circuit booléen monotone de profondeur t^λ.*

Il s'en suit cette borne inférieure.

Théorème 4.3.3 ([GKM08]). *Pour un certain $\epsilon > 0$ et pour tout n suffisamment grand, un PB n-aire déterministe ou non qui calcule n-GEN de manière serrée a taille 2^{n^ϵ}.*

En effet, par le théorème 4.3.2, pour tout n suffisamment grand, une fonction f : $\{0,1\}^{n^3} \to \{0,1\}$ qui calcule GEN de manière serrée nécessite un circuit monotone booléen de profondeur $n^{3\lambda}$. Or, par la proposition 2.5.2, il ne peut exister de PB avec taille plus petite que $2^{n^{3\lambda/2}}$, sinon nous pourrions créer un circuit monotone booléen de profondeur plus petite que $n^{3\lambda}$.

4.4 L'incrémentalité

Une façon naturelle de construire des PB pour résoudre GEN est de les construire tels que chaque nouvelle question porte sur des éléments de la « fermeture courante ». En d'autres mots, nous ne posons que des questions de la forme $i \times j$, où nous savons que les éléments i et j ont déjà été engendrés à partir de 1. Cette façon de faire est ce que la définition d'« incrémentalité » vient chercher.

Soit P, comme toujours, un PB qui calcule n-GEN. Pour tout sommet u de P, nous définissons l'ensemble $A(u)$ (de l'anglais « available set ») constitué d'éléments parmi $[n]$ qui ont été *générés* le long de chaque chemin de la source jusqu'à u. Étant donné un chemin π de la source jusqu'à un sommet arbitraire u de P, posons T^π comme l'ensemble des triplets impliqués le long de π, donc $T^\pi \subseteq [n]^3$. Si PATHS(u) est l'ensemble de tous les chemins dans P qui partent de la source et se rendent jusqu'à u, alors

$$A(u) = \bigcap_{\pi \in \text{PATHS}(u)} \langle\{1\}\rangle_{T^\pi}.$$

Un exemple où les ensembles A sont calculés est donné à la figure 4.6.

Un plus grand ensemble peut être obtenu si nous ne considérons que les chemins consistants, autrement dit ceux qu'un exemplaire GEN peut suivre. Si π est consistant, alors $T^\pi \subseteq T^g$ pour un certain exemplaire g de GEN. Dénotons par GENPATHS(u)

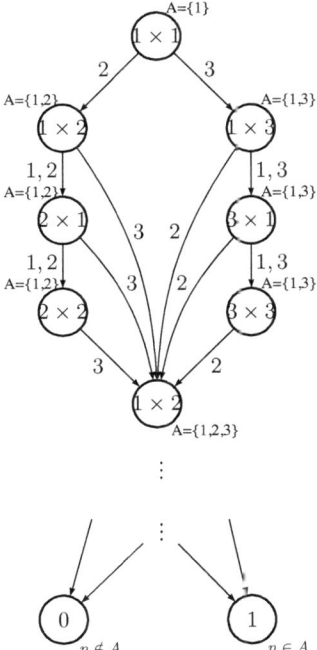

Figure 4.6 – Exemple des ensembles A des sommets d'un PB.

l'ensemble de tous les chemins consistants de P qui partent de la source et mènent jusqu'à u. Nous définissons alors un second ensemble constitué uniquement d'éléments générés par des chemins consistants :

$$A_{\text{GEN}}(u) = \bigcap_{\pi \in \text{GENPATHS}(u)} \langle \{1\} \rangle_{T^\pi}.$$

Observons que $\text{GENPATHS}(u) \subseteq \text{PATHS}(u)$, et donc $A(u) \subseteq A_{\text{GEN}}(u)$.

Définition 4.4.1 ([GKM08]). *Un PB n-aire déterministe ou non qui calcule n-GEN est sémantique incrémental si pour toute arête avec étiquette $i \times j = k$ sortant d'un sommet u, la condition $\{i, j\} \subseteq A_{GEN}(u)$ est respectée. Si la condition plus forte $\{i, j\} \subseteq A(u)$*

est respectée, alors le PB est syntaxique incrémental.

Passons au résultat important concernant les PB syntaxiques incrémentaux.

Proposition 4.4.1 ([GKM08]). *Tout PB (déterministe ou non déterministe) syntaxique incrémental qui calcule n-GEN, le fait de manière serrée.*

Ainsi, avec le théorème 4.3.3 et la proposition précédente, nous obtenons la borne inférieure exponentielle suivante.

Corollaire 4.4.2 ([GKM08]). *Un PB (déterministe ou non déterministe) syntaxique incrémental n-aire qui calcule n-GEN est de taille au moins 2^{n^ϵ} pour un certain $\epsilon > 0$.*

4.5 Pouvons-nous corriger un PB qui n'est pas incrémental ?

Comme nous avons déjà mentionné, le but ultime de 40 années de recherche jusqu'à présent non concluantes est de prouver qu'aucun PB de taille polynomiale ne peut calculer GEN. Dans notre étude, il suffirait pour cela de pouvoir simuler un PB non incrémental de taille $s(n)$ par un PB syntaxique incrémental de taille $p(s(n))$, où $p(n)$ est sous-exponentiel. Comme un PB syntaxique incrémental est de taille exponentielle (corollaire 4.4.2), cela aurait pour implication que le PB initial de taille $s(n)$ est de taille excédant tout polynôme. Nous examinons dans cette section la possibilité de transformer un PB non incrémental en un qui soit incrémental.

Notons qu'il existe un PB syntaxique incrémental résolvat GEN de taille $2^{n-4}(n+3)(n+2)+3$, donc dans $\Omega(2^n)$ [Geh01]. Une technique triviale pour « corriger » un PB non incrémental serait de s'en débarrasser tout simplement et de le remplacer par le PB syntaxique incrémental « standard » mentionné ci-dessus. Nous entendons donc par « corriger » l'exploitation d'un PB existant.

Examinons un PB déterministe n'ayant qu'un seul sommet qui ne soit pas incrémental. Il est donc « syntaxiquement incrémental sauf pour un sommet ». Nous verrons qu'il est possible de transformer le PB de sorte qu'il soit « entièrement » syntaxique incrémental s'il respecte au départ une condition énoncé à la proposition 4.5.1 qui suit dans quelques pages. Soit P, un PB calculant GEN, représenté à la figure 4.7. Supposons que le sommet $\star$ soit le sommet non incrémental, et posons $G_\star$, le sous-graphe formé du sommet $\star$ et de tous ses descendants.

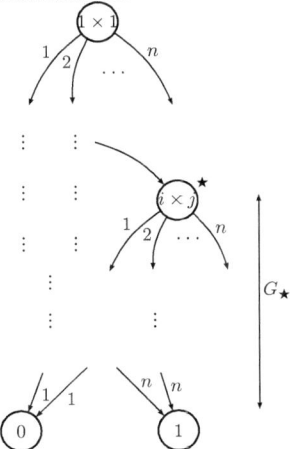

Figure 4.7 – FB calculant GEN avec un sommet ($\star$) « non incrémental ».

Nous créons une copie de P que nous dénotons par P' et que nous juxtaposons à P. Toutes les arêtes qui pointaient vers le sommet $\star$ de P pointent désormais vers la source de P'. Regardons cette première étape de la transformation à la figure 4.8. Le sommet $\star$ de P et ses arêtes sortantes sont effacés. Ce nouveau PB permet de séparer les chemins en ceux qui touchent au sommet $\star$ et ceux qui n'y touchent pas. Remarquons que

$$A(\text{source de } P') \text{ dans } Q = A(\star) \text{ dans } P \tag{4.1}$$

Nous allons maintenant travailler sur la partie 2 pour obtenir un PB syntaxique incrémental. Ici, nous avons le droit d'utiliser la puissance de calcul que nous voulons car notre but est simplement d'arriver à un PB ayant la propriété désirée. Nous créons alors une copie de $G_\star$ que nous appelons $G'_\star$. Le but est de réorienter toute arête de

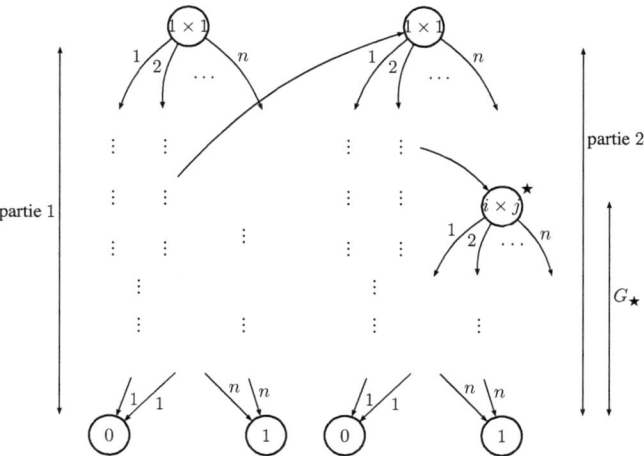

Figure 4.8 – Première transformation de PB.

P' (c'est-à-dire la partie 2) qui pourrait poser la question $i \times j$ de manière syntaxique incrémentale vers le sommet $\star$ de $G'_\star$. Pour ce faire, nous calculons l'ensemble A de chaque arête de P'. Nous avons déjà défini l'ensemble A pour les sommets. La définition pour les arêtes est très similaire, seulement le mot sommet est changé pour arête. Donc, si PATHS(e) est l'ensemble de tous les chemins qui partent de la source à l'arête e, alors

$$A(e) = \bigcap_{\pi \in \text{PATHS}(e)} \langle \{1\} \rangle_{T^\pi}.$$

À noter que si u est un sommet avec étiquette $r \times s$ d'où sort l'arête e avec étiquette t, alors

$$A(e) = \langle A(u) \rangle_{\{(r,s,t)\}}.$$

Pour poursuivre la construction, il nous faut ensuite trouver toute arête e dans P' qui est telle que $\{i,j\} \subseteq A(e)$, et la réorienter vers le sommet $i \times j$ (le sommet $\star'$) de $G'_\star$. Ce faisant, pour tout sommet s dans P', $\{i,j\} \nsubseteq A(s)$ et de plus aucun chemin dans la partie 2 ne rencontre la question $i \times j$. Enfin, la dernière étape consiste à rendre non déterministe le sommet $\star$ de P'. La figure 4.9 illustre cette transformation finale.

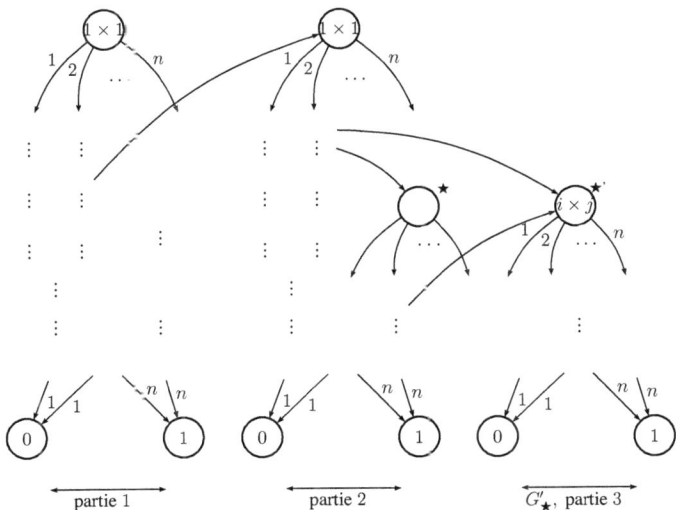

Figure 4.9 – PB syntaxiquement incrémental corrigé.

Proposition 4.5.1. *Soit P un PB déterministe de taille $s(n)$ avec un sommet (le sommet $\star$ avec question $i \times j$) non incrémental. Si P est tel que pour tout chemin π dans P, nous avons pour toute arête e de π l'implication suivante :*

$$\{i,j\} \subseteq \langle\{1\}\rangle_{T^\pi} \Rightarrow \{i,j\} \subseteq A(e), \tag{4.2}$$

alors le PB Q non déterministe résultant de la transformation ci-dessus calcule GEN, est syntaxique incrémental et de taille au maximum $3s(n)$.

Démonstration. Il est facile de voir que dans le pire cas, le sommet non incrémental est situé près de la source et par conséquent, que la taille de Q sera presque du triple de celle de P.

Comme P est déterministe, il existe un chemin unique pour chaque entrée. Dans Q, une entrée a aussi un unique chemin, sinon elle en a exactement n en raison du sommet non déterministe $\star$ de la partie 2. Posons $\Lambda_P(\pi_1, g_1)$, une proposition logique qui est vraie si π_1 est le chemin suivi par l'exemplaire g_1 dans P, et posons $\Lambda_Q(\pi_2, g_2)$, une proposition logique qui est vraie si π_2 est un chemin que peut suivre l'exemplaire g_2 dans Q.

Nous allons maintenant tracer une notion de « translation » des chemins de Q sur des chemins de P. Dénotons un chemin comme suit :

$$\pi = ((1 \times 1 = i_1), (i_1 \times i_2 = i_3), \ldots).$$

Un chemin n'est précisé que par les questions des sommets qu'il rencontre et les réponses des arêtes qu'il emprunte. Soit un chemin π de Q. Si π touche au sommet non déterministe $\star$ de la partie 2, alors nous écrivons $\star = k$ pour signaler que le chemin a emprunté l'arête qui était étiquetée par k au sommet $\star$ dans P. Exemple :

$$\pi = ((1 \times 1 = i_1), (i_1 \times i_2 = i_3), \ldots, (\star = k), \ldots).$$

Le PB Q est en quelque sorte le PB P que nous avons rallongé. Nous avons créé beaucoup de chemins inconsistants ce faisant. Cependant, lorsque nous prenons un chemin consistant arbitraire de Q, nous voulons pouvoir le « translater » vers un chemin lui correspondant dans P. Par « correspondant », nous entendons un chemin qui pose les mêmes questions et qui obtient les mêmes réponses. C'est que ce que notre fonction ϕ capture :

$$\phi : \{\text{chemins consistants de } Q\} \to \{\text{chemins consistants de } P\}.$$

Pour un chemin consistantd π dans Q, ϕ est défini comme suit :
– si $\pi = ((1 \times 1 = i_1), (i_1 \times i_2 = i_3), \ldots)$ est entièrement contenu dans la partie 1

de Q, alors

$$\phi(\pi) = \sigma, \text{ où } \sigma = (\underbrace{(1 \times 1 = i_1), (i_1 \times i_2 = i_3), \ldots}_{\text{mêmes questions que } \pi}) \text{ est un chemin dans } P.$$

Aussi, nous avons $\forall g \in \{0,1\}^{n^2 \lceil \log n \rceil}$,

$$\Lambda_Q(\pi, g) \Leftrightarrow \Lambda_P(\sigma, g).$$

— si $\pi = (\underbrace{(1 \times 1 = i_1), \ldots}_{\pi_1}, \underbrace{(1 \times 1 = i_1), \ldots, (\star = k), \ldots}_{\pi_2})$ est tel qu'il touche à la partie 2 de Q mais pas à la partie 3, c'est-à-dire π_1 est inclus dans la partie 1 et π_2 dans la partie 2, alors

$$\phi(\pi) = \sigma, \text{ où } \sigma = ((1 \times 1 = i_1), \ldots, \underbrace{(i \times j = k)}_{\star \text{ de } P}, \ldots) \text{ est un chemin dans } P.$$

Le chemin σ est le même que π_2 sauf qu'en lieu et place d'un sommet non déterministe $(\star = k)$ nous avons la question $i \times j$ avec réponse k. Remarquons que π_2 ne rencontre jamais la question $i \times j$; quant à σ, il rencontre la question une seule fois, précisément au sommet critique $\star$ de P. Si $i \times j = k$ selon g, alors nous avons

$$\Lambda_Q(\pi, g) \Leftrightarrow \Lambda_P(\sigma, g).$$

Sinon, nous avons

$$\Lambda_Q(\pi, g) \Leftrightarrow \Lambda_P(\sigma, g'),$$

où $g' = g|_{i \times j = k}$ signifie que l'exemplaire g' est le même exemplaire que g sauf que le produit de i par j est maintenant égal à k même si ce n'est pas le cas avec g. L'exemplaire g ne peut pas emprunter le chemin σ car il n'est pas consistant avec ce dernier à la question $i \times j$ du sommet $\star$ de P. Toutefois, l'exemplaire g' peut emprunter le chemin σ.

— si $\pi = ((1 \times 1 = i_1), \ldots, \underbrace{(1 \times 1 = i_1)}_{\pi_1}, \ldots, \underbrace{(\star = k)}_{\pi_2}, \ldots, \overbrace{\underbrace{(i \times j = l)}_{\pi_3}}^{\star' \text{ de } G'_\star}, \ldots)$ est tel
qu'il touche à la partie 3 de Q, c'est-à-dire π_1 est dans la partie 1, π_2 dans la partie 2 et π_3 dans la partie 3, alors

$$\phi(\pi) = \sigma \text{ où } \sigma = ((1 \times 1 = i_1), \ldots, \underbrace{\overbrace{(i \times j = l)}^{\star \text{ de } P}}_{\pi_3}, \ldots) \text{ est un chemin dans } P.$$

Donc σ ignore tout le passage de π dans la partie 2. Et nous avons

$$\Lambda_Q(\pi, g) \Leftrightarrow \Lambda_P(\sigma, g).$$

Nous voulons maintenant prouver que P et Q retournent la même réponse sur une entrée g. Par les équivalences ci-dessus, si $\phi(\pi) = \sigma$ tel que $\Lambda_Q(\pi, g) \Leftrightarrow \Lambda_P(\sigma, g)$, alors P et Q acceptent ou refusent tous les deux l'exemplaire g. Le seul cas où nous n'avons pas cette équivalence est lorsqu'un exemplaire g suit un chemin π dans Q qui emprunte l'arête k du sommet $\star$ dans la partie 2 alors que $i \times j \neq k$ dans g, et ne va ensuite jamais dans la partie 3. Dans cette situation, le chemin correspondant σ n'est pas un chemin que g peut suivre dans P. Il faut étudier ce cas pour savoir si Q peut accepter g alors que P le refuse, ce qui invaliderait Q.

Supposons donc que π est un chemin acceptant dans Q tel que $i \times j \neq k$ selon g mais $\pi = ((1 \times 1 = i_1), \ldots, (\star = k), \ldots, 1)$. Supposons de plus que $g \notin$ GEN (donc P refuse g). Soit $g' = g|_{i \times j = k}$. Nous savons que $\Lambda_Q(\pi, g) \Leftrightarrow \Lambda_P(\sigma, g')$, donc σ est un chemin acceptant dans P pour g'. Cela veut dire que $n \in \langle \{1\} \rangle_{T^\sigma}$ où $T^\sigma \subseteq T^{g'}$. Comme le chemin π n'est pas réorienté vers la partie 3, cela signifie que pour toute arête e de ce chemin, $\{i, j\} \not\subseteq A(e)$. Par hypothèse (voir l'expression 4.2) cela implique que $\{i, j\} \not\subseteq \langle \{1\} \rangle_{T^\sigma}$. Donc ajouter ou soustraire une relation de la forme (i, j, k) à l'ensemble T^σ ne modifie pas la fermeture de $\{1\}$. Ainsi,

$$n \in \langle \{1\} \rangle_{T^\sigma \setminus \{(i,j,k)\}}.$$

Donc $g \in \text{GEN}$ car $T^\sigma \setminus \{(i,j,k)\} \subseteq T^g$, ce qui est une contradiction.

Nous savons maintenant que Q accepte les mêmes entrées que P, donc il calcule bel et bien GEN. Mais est-il syntaxique incrémental ? Tout sommet de la partie 1 de Q est accessible par autant ou sinon moins de chemins que le même sommet dans P, donc l'ensemble A (qui est une intersection d'ensembles) d'un tel sommet ne peut qu'être plus grand. Ces sommets de Q sont donc syntaxiques incrémentaux puisqu'ils sont syntaxiques incrémentaux dans P.

Aucun sommet de la partie 2 de Q n'a i et j dans sa fermeture ni ne rencontre la question $i \times j$. Ces sommets sont syntaxiques incrémentaux dans P, mais le sont-ils encore dans Q ? Soit un sommet u' de la partie 2, et le sommet u de P dont il est la copie. Il se trouve que $A(u) \subseteq A(u')$. En effet,

$$\begin{aligned}
A(u') &= \bigcap_{\tau \text{ chemins de la source de } Q \text{ à } u'} \langle\{1\}\rangle_{T^\pi} \\
&\supseteq \bigcap_{c \text{ chemins de la source de } P' \text{ à } u'} \langle A(\star)\rangle_{T^\sigma} \quad \text{(voir l'égalité 4.1)} \\
&= \bigcap_{\rho \text{ chemins de la source de } P \text{ à } u} \langle A(\star)\rangle_{T^\rho} \\
&\supseteq \bigcap_{\rho \text{ chemins de la source de } P \text{ à } u} \langle\{1\}\rangle_{T^\rho} = A(u) \quad (\text{car } \{1\} \subseteq A(\star))
\end{aligned}$$

Ainsi, les sommets de la partie 2 sont syntaxiques incrémentaux.

Finalement, il reste à traiter les sommets de la partie 3 de Q. L'ensemble A du sommet $\star'$ de la partie 3 est inclus dans l'ensemble A du sommet $\star$ de P et possède en plus les éléments i et j grâce à la construction, alors le sommet $\star$ de la partie 3 est devenu syntaxique incrémental. En effet,

$$\begin{aligned} A(\star') &= \bigcap_{\pi \,:\, \text{chemins de la source de } Q \text{ à } \star'} \langle \{1\} \rangle_{T^\pi} \\ &\supseteq \bigcap_{\sigma \,:\, \text{chemins de la source de } P' \text{ à } \star'} \langle A(\star) \rangle_{T^\sigma} \\ &\supseteq \bigcap_{\sigma \,:\, \text{chemins de } P' \text{ qui engendre } i \text{ et } j} \langle A(\star) \rangle_{T^\sigma} \\ &\supseteq A(\star) \cup \{i, j\}. \end{aligned} \qquad (4.3)$$

Similairement à l'analyse des sommets de la partie 2, nous voyons que les sommets en bas de $\star'$ dans la partie 3 ont aussi un ensemble A agrandi. Pour le démontrer, soit un sommet v' de la partie 3, et le sommet v dans P dont il est la copie. Alors,

$$\begin{aligned} A(v') &= \bigcap_{\pi \,:\, \text{chemins de la source de } Q \text{ à } v'} \langle \{1\} \rangle_{T^\pi} \\ &\supseteq \bigcap_{\sigma \,:\, \text{chemins de } \star' \text{ à } v'} \langle A(\star') \rangle_{T^\sigma} \quad \text{(par l'inclusion 4.3)} \\ &\supseteq \bigcap_{\sigma \,:\, \text{chemins de } \star' \text{ à } v'} \langle A(\star) \rangle_{T^\sigma} \quad \text{(car } A(\star) \subseteq A(\star')\text{)} \\ &= \bigcap_{\rho \,:\, \text{chemins de } \star \text{ à } v} \langle A(\star) \rangle_{T^\rho} \\ &\supseteq \bigcap_{\rho \,:\, \text{chemins de } \star \text{ à } v} \langle \{1\} \rangle_{T^\gamma} \\ &\supseteq \bigcap_{\gamma \,:\, \text{chemins de la source de } P \text{ à } v} \langle \{1\} \rangle_{T^\gamma} = A(v) \end{aligned}$$

Donc les sommets de la partie 3 de Q sont syntaxiques incrémentaux. $\square$

4.6 Les mintermes et maxtermes de RELGEN

La forme normale algébrique de toute fonction booléenne monotone est la forme normale disjonctive des clauses correspondant aux mintermes [Zhe27]. Plus le nombre de mintermes est petit, plus l'expression booléenne est courte. Sans surprise, dans le cas de RELGEN, cette expression est de taille exponentielle. Mentionnons néanmoins que dans [Juk89], des bornes inférieures sur la taille de PB en fonction de la dispersion des mintermes et des maxtermes sont démontrées. Nous n'abordons pas ce sujet dans ce mémoire mais il s'avère que ces bornes inférieures s'appliquent difficilement à RELGEN car les mintermes et maxtermes sont trop nombreux et trop denses.

Un minterme de RELGEN est un mot $w \in \{0,1\}^{n^3}$ prescrivant une relation T^w telle que $n \in \langle\{1\}\rangle_{T^w}$ (donc RELGEN(w) = 1) et telle que pour tout triplet $r \in T^w$, $n \notin \langle\{1\}\rangle_{T^w \setminus r}$, autrement dit, si nous enlevons un seul triplet de T^w, alors n n'est plus généré à partir de 1.

Nous disons que le minterme w est de longueur k si $|T^w| = k$, c'est-à-dire le nombre de bits 1 dans w est k. Nous dénotons le nombre total de mintermes de longueur k par Min_k. La taille d'un minterme est entre 1 et $n-1$. Il est évident que le minterme est au moins de taille 1. Un triplet ne peut générer qu'un seul nouvel élément. Supposons que nous ayons n triplets dans T et que $n \in \langle\{1\}\rangle_T$. Chaque triplet du minterme génère un élément que lui seule génère et cet élément est ensuite essentiel pour générer n. Pour que nous puissions enlever un triplet à T sans perdre n, il faudrait qu'il existe $n+1$ éléments autres que 1. Comme cette proposition est fausse, aucun triplet ne peut être omis.

Commençons par étudier RELGEN$_{1\text{-row}}$. À quoi ressemble un minterme de taille k ? Il est de la forme suivante :

$$w\ :\quad 1 \times 1 = i_1, 1 \times i_1 = i_2, \ldots, 1 \times i_{k-1} = n$$
$$w\ =\quad 0\ldots0\ 1_{1,1,i_1}\ 0\ldots0\ 1_{1,i_1,i_2}\ 0\ldots0\ 1_{1,i_{k-1},n}\ 0\ldots0$$

où $i_1, \ldots, i_{k-1} \in \{2, 3, \ldots, n-1\}$, et $i_r \neq i_s \forall r \neq s$.

Il y a autant de mintermes de taille k qu'il y a de permutations différentes de $k-1$ éléments parmi $n-2$, et le nombre de permutations est $((n-2)!/(n-k-1)!)$. Ainsi, le nombre total de mintermes de RELGEN$_{1\text{-row}}$ est

$$\sum_{k=1}^{n-2} \frac{(n-2)!}{(n-k-1)!} = \sum_{j=1}^{n-2} \frac{(n-2)!}{j!}.$$

Ainsi, déjà pour RELGEN$_{1\text{-row}}$, nous avons un nombre exponentiel de mintermes car
$$\sum_{j=1}^{n-2} \frac{(n-2)!}{j!} \geq \sum_{j=1}^{n-2} \frac{(n-2)!}{j!(n-2-j)!} = 2^{n-2} - 1.$$

Dans le cas RELGEN sans contrainte, les choses deviennent rapidement plus complexes. Bien que nous sachions identifier le nombre total de mintermes à l'aide d'équations de récurrence, nous ne sommes pas encore en mesure de fournir la formule générale. Conservons Min_k comme étant aussi le nombre total de mintermes de taille k pour RELGEN. Un minterme de taille k a la forme suivante :

$$1 \times 1 \to^{i_1} \_ \times \_ \to^{i_2} \cdots \times \_ \to^{i_{k-1}} \_ \times \_ \to^n . \qquad (4.4)$$

Le nombre de choix que nous avons pour les éléments $i_1, \ldots, i_{k-1}$ est donné par $((n-2)!/(n-k-1)!)$. L'élément i_j, où $1 \leq j \leq k-1$, doit paraître dans une multiplication après avoir été généré pour que l'expression 4.4 soit un minterme, car sinon le produit qui a généré i_j ne sert pas et peut être supprimé. Soit $M(i,j,k)$, où $1 \leq i \leq j \leq k$, le nombre de façons de placer les éléments $1, i_1, \ldots, i_{k-1}$ dans les espaces "_" du minterme de 4.4 à partir de la j-ième multiplication sachant que i éléments parmi les j éléments générés jusqu'à présent n'ont pas encore été utilisés dans une multiplication.

$$|\text{mintermes de RELGEN}| = \sum_{k=1}^{n-2} Min_k = \sum_{k=1}^{n-2} \frac{(n-2)!}{(n-k-1)!} \cdot M(1,2,k), \qquad (4.5)$$

où $M(1,2,k)$ est le nombre de façons de placer les k éléments $1, 1_1, \ldots, i_{k-1}$ dans k multiplications à partir de la seconde sachant que nous commençons avec deux éléments 1 et i_1, ce dernier n'ayant pas encore été utilisé dans une multiplication. Le total de mintermes est exponentiel, ceci dû au facteur $((n-2)!/(n-k-1)!)$ dans la somme.

Voici la définition générale de la récurrence de $M(i,j,k)$:

$$M(i,j,k) = \#|\text{façons d'utiliser aucun nouvel élément}| \cdot M(i+1,j+1,k)$$
$$+ \#|\text{façons d'utiliser un seul nouvel élément}| \cdot M(i,j+1,k)$$
$$+ \#|\text{façons d'utiliser deux nouveaux éléments}| \cdot M(i-1,j+1,k).$$

En détails cela donne ce qui suit.

Si $j < k$ et $i = 1$,

$$M(1,j,k) = (j-1)^2 M(2,j+1,k) + (2(j-1)+1) M(1,j+1,k).$$

Si $2 \leq i \leq (k-j)$,

$$M(i,j,k) = (j-i)^2 M(i+1,j+1,k) + (2i(j-i)+i) M(i,j+1,k)$$
$$+ 2\binom{i}{2} M(i-1,j+1,k).$$

Si $i = k-j+1$,

$$M(i,j,k) = (2i(j-i)+i) M(i,j+1,k) + 2\binom{i}{2} M(i-1,j+1,k).$$

Si $i = k-j+2$,
$$M(i,j,k) = 2\binom{i}{2} M(i-1,j+1,k).$$

Si $i > k-j+2$,
$$M(i,j,k) = 0.$$

Et finalement, si $j = k$,

$$M(i,j,k) = \begin{cases} 0 & \text{si } i > 2 \\ 2 & \text{si } i = 2 \\ 2(k-1)+1 & \text{si } i = 1. \end{cases}$$

Pour faire une comparaison avec les mintermes de RELGEN$_{\text{1-row}}$, il faut évaluer le terme $M(1,2,k)$ de la somme 4.5. Nous pouvons déjà voir la contribution qu'il apporte au nombre total de mintermes de RELGEN en le bornant inférieurement de manière simple :

$$\begin{aligned} M(1,2,k) &\geq (2(1)+1) \cdot M(1,3,k) \text{ (voir la formule de récurrence si } j \leq k \text{ et } i = 1) \\ &\geq 3(2(2)+1) \cdot M(1,4,k) \\ &\vdots \\ &\geq 3 \cdot 5 \cdot 7 \cdots (2(k-2)+1) M(1,k,k) \\ &\geq 3 \cdot 5 \cdot 7 \cdots (2(k-2)+1)(2(k-1)+1) \\ &\geq \frac{(2k)!}{2k!}. \end{aligned}$$

Et donc,

$$
\begin{aligned}
\frac{|\text{mintermes de RELGEN}|}{|\text{mintermes de RELGEN}_{1\text{-row}}|} &\geq \frac{\sum_{k=1}^{n-2} \frac{(n-2)!}{(n-k-1)!} \cdot \frac{(2k)!}{2k!}}{\sum_{k=1}^{n-2} \frac{(n-2)!}{(n-k-1)!}} \\
&\geq \frac{\sum_{k=1}^{n-2} \frac{(n-2)!}{(n-k-1)!} \cdot \frac{(2k)!}{2k!}}{(n-2)(n-2)} \\
&\geq \frac{1}{2(n-2)} \sum_{k=1}^{n-2} \frac{(2k)!}{(n-k-1)!k!} \\
&\geq \frac{1}{2(n-2)} \sum_{k=\lfloor (n-1)/2 \rfloor}^{n-2} \frac{(2k)!}{(n-k-1)!k!} \\
&\geq \frac{1}{2(n-2)} \left(\sum_{k=\lceil (n-1)/2 \rceil}^{n-2} \binom{n-1}{k} + 1 - 1 \right) \\
&\geq \frac{1}{2(n-2)} \left(\sum_{k=\lceil (n-1)/2 \rceil}^{n-1} \binom{n-1}{k} - 1 \right) \\
&\geq \frac{1}{2(n-2)} \left(2^{n-2} - 1 \right) \quad (\text{car } \sum_{i=\lceil m/2 \rceil}^{m} \binom{m}{i} \geq 2^{m-1}) \\
&\geq \frac{2^{n-4}}{n-2}.
\end{aligned}
$$

Il y a donc une différence d'ordre exponentielle entre le nombre de mintermes de RELGEN$_{1\text{-row}}$ et de RELGEN. Les maxtermes sont quant à eux plus faciles à calculer. Un maxterme est un mot $w \in \{0,1\}^{n^3}$ qui détermine une relation T^w telle que $1 \notin \langle\{1\}\rangle_{T^w}$ et telle que pour tout $v > w$, $n \in \langle\{1\}\rangle_{T^v}$. En bref, dès que nous rajoutons un seul triplet à T^w, n est forcément généré à partir de 1.

Voilà pour la définition, mais à quoi ressemble un maxterme chez RELGEN ? Pour chaque sous-ensemble de $\{2, ..., n-1\}$ il existe un seul maxterme et il est de la forme suivante :

$$w = \begin{cases} i \times j = 1, \ldots, k & \text{pour } 1 \leq i,j \leq k \\ i \times j = 1, \ldots, n & \text{sinon.} \end{cases}$$

C'est-à-dire que nous avons tous les triplets (i,j,l) où $(i,j,l) \in [k]^3$ et tous les triplets

(i,j,m) où $(i,j) \notin [k]^2$ et $m \in [n]$. Le mot w est tel que $\text{RELGEN}(w) = 0$ et si nous ajoutons un seul bit 1 à w pour former un w', alors $\text{RELGEN}(w') = 1$. Ainsi,

$$\text{Total de maxtermes} = \sum_{k=1}^{n-2} \binom{n-2}{k} = 2^{n-2} - 1.$$

4.7 Syntaxique versus sémantique

Finalement, notons que si un PB sémantique incrémental peut être plus économique qu'un PB syntaxique incrémental en termes de nombre de sommets car il sait utiliser les chemins inconsistants d'une façon qui nous échappe encore, il n'en demeure pas moins que les ensembles de fonctions que peuvent calculer l'un et l'autre sont égaux.

Proposition 4.7.1. *Soit une fonction n-aire $f : [n]^t \to \{0,1\}$, et soit la fonction binaire obtenue à partir de f, $f_{bin} : \{0,1\}^{n^2 \lceil \log n \rceil} \to \{0,1\}$. Si f_{bin} est calculable par un PB sémantique incrémental, alors elle est aussi calculable par un PB syntaxique incrémental.*

Démonstration. Nous avons un PB sémantique incrémental qui calcule une fonction booléenne f. Développons le PB en un arbre de décision en dupliquant certains sommets. Dans le pire des cas, si le PB est de taille $s(n)$, alors l'arbre est de taille $s(n)^{s(n)}$. Heureusement, la taille n'importe pas ici.

Il reste ensuite à se débarrasser des chemins inconsistants. Cela se fait facilement à l'aide de la méthode qui provient de la preuve du lemme 2.5.2 de [Weg00]. Il suffit de traverser l'arbre par une fouille en profondeur et aussitôt qu'une arête dont l'étiquette signifie que $x_i = c_i$ (où $c_i \in \{0,1\}$) est trouvée alors qu'une autre arête signifiant $x_i = 1 - c_i$ a déjà été rencontrée plus haut dans l'arbre, il faut couper de l'arbre tout le sous-arbre ayant comme racine le dernier nœud visité, car tout chemin partant de ce nœud est inconsistant. Une fois que la recherche en profondeur a été exécutée dans tout l'arbre, il n'y a plus de chemin inconsistant. Comme le PB était incrémental pour tout chemin consistant, et qu'il n'y a plus de chemins inconsistants, alors le PB est devenu syntaxique incrémental. □

Notons qu'un PB syntaxique incrémental est aussi sémantique incrémental, donc l'implication de la proposition 4.7.1 est aussi vraie dans l'autre sens.

Il se trouve cependant que les deux modèles n'arrivent pas à calculer toutes les fonctions possibles $f : [n]^t \to \{0,1\}$. Soit par exemple, la fonction $g : [2]^4 \to \{0,1\}$,

$$\begin{array}{c|cc} & 1 & 2 \\ \hline 1 & \{0,1\} & \{0,1\} \\ 2 & \{0,1\} & \{0,1\} \end{array} \longrightarrow \{0,1\},$$

qui retourne 1 si et seulement si $2 \times 2 = 2$; $g(x_1, x_2, x_3, x_4) = 1 \Leftrightarrow x_4 = 2$.

Soit P un PB syntaxique ou sémantique incrémental qui calcule g. De facto, le premier sommet de P est la question 1×1. Or, si l'entrée est telle que $1 \times 1 = 1$, alors d'aucune façon nous ne pouvons questionner le produit 2×2, puisque 2 n'est pas dans la fermeture de 1. Donc le PB se trompe sur une moitié des entrées s'il accepte une entrée telle que $1 \times 1 = 1$ ou se trompe sur l'autre moitié des entrées s'il la refuse.

CHAPITRE 5

COMPLEXITÉ DE PROBLÈMES CONNEXES

Cette section étudie principalement des questions de complexité portant sur GEN ou des propriétés de PB résolvant GEN. Tous ces résultats font partie de notre contribution. Nous commençons par définir ce qu'est un élément nécessaire pour un exemplaire de GEN et démontrons qu'il est P-complet de reconnaitre qu'un élément possède cette propriété. Ensuite, nous étudions comment reconnaitre un encodage valide d'un PB à l'aide d'un circuit dans AC^0. Deux problèmes NP-complets sont aussi à l'étude : le premier consiste à déterminer l'existence d'un chemin consistant à l'intérieur d'un PB, et le second à déterminer l'existence d'un chemin incrémental (la définition est donnée dans ce chapitre). Nous remarquons de plus que ces deux questions sont beaucoup plus simples si nous voulons seulement vérifier qu'un chemin en particulier est consistant ou incrémental. En fait, il suffit d'un circuit dans AC^0 pour répondre à ces deux questions. Entrelacée à travers ses résultats, nous présentons une analyse de deux ensembles, l'ensemble syntaxique $Synt$ et sémantique Sem, qui sont plus généraux que les ensembles A et A_{GEN} que nous avons croisés au chapitre précédent (voir page 35). Décider de l'appartenance d'un élément à $Synt$ est une question dans P, mais décider de l'appartenance d'un élément à Sem est NP-complet. Finalement, nous concluons ce chapitre en démontrant que décider si un PB résout GEN est une question co-NP. Tous les résultats de complétude de ce chapitre utilisent la réductibilité logarithmique.

5.1 Élément nécessaire

Définition 5.1.1. *Un élément* $i \leq n$ *est* nécessaire *pour un exemplaire G de GEN si pour toute séquence acceptante* $C_1, C_2, ..., C_m$ *de configurations d'une machine à jetons, il existe une configuration C_j telle que $i \in C_j$, où $j \in [m]$.*

Définition 5.1.2. $NEC = \{\langle G, i \rangle |$ *G est un exemplaire positif de GEN et i est un élément nécessaire* $\}$.

Il s'avère que NEC est un langage P-complet. Pour le démontrer, nous nous servons du lemme suivant.

Lemme 5.1.1. *G est un exemplaire positif de GEN où i est nécessaire $\Leftrightarrow$ G' est un exemplaire négatif de GEN où G' est l'exemplaire G modifié de la manière suivante :*

$$G' : \begin{array}{c|ccccc} & 1 & 2 & \ldots & i & \ldots & n \\ \hline 1 & g_{1,1} & g_{1,2} & \ldots & 1 & \ldots & g_{1,n} \\ 2 & g_{2,1} & g_{2,2} & \ldots & 1 & \ldots & g_{2,n} \\ \vdots & \vdots & \vdots & & \vdots & & \vdots \\ i & 1 & 1 & \ldots & 1 & \ldots & 1 \\ \vdots & \vdots & \vdots & & \vdots & & \vdots \\ n & g_{n,1} & g_{n,2} & \ldots & 1 & \ldots & g_{n,n} \end{array}$$

Démonstration. SENS $\boxed{\Rightarrow}$

Comme i est nécessaire, une suite légale (selon G) de configurations d'une machine à jetons où aucune configuration ne contient l'élément i n'est forcément pas acceptante. Remarquons de plus que G' est le même exemplaire que G à l'exception que l'élément i ne génère aucun autre élément que 1. En conséquence, une séquence légale selon G où aucune configuration ne contient l'élément i est aussi une séquence légale selon G'. À l'inverse, toute séquence légale pour G' l'est aussi pour G.

Supposons par l'absurde que G' soit un exemplaire positif, donc qu'il existe une séquence légale S qui est acceptante pour G'. Nous savons que cette séquence est aussi légale et acceptante selon G. Il y a deux scénarios possibles pour S :

1) aucune configuration de S ne contient i, alors cela implique que i n'est pas nécessaire ; ce qui est une contradiction ;

2) au moins une configuration de S contient l'élément i : ce qui, avec un peu de travail, mène à une contradiction.

Plaçons-nous alors dans le deuxième cas. Nous allons montrer qu'il est possible de construire une seconde séquence S' qui est aussi acceptante et dont aucune configuration ne contient i. Donc i ne serait pas nécessaire : ce qui fait surgir la contradiction.

Pour construire S', il suffit d'éliminer de chacune des configurations de S l'élément i et d'éliminer ensuite les configurations redondantes de la séquence. S' est une séquence tout à fait légale car pour G', i ne permet pas de marquer davantage d'éléments, donc il peut toujours être retiré sans problème. Les configurations de S' ne contiennent jamais i, et pourtant S' est acceptante car sa configuration finale contient encore n, ce qui est une contradiction.

Ainsi, il n'existe aucune séquence acceptante pour G', et donc G' est un exemplaire négatif de GEN.

SENS $\boxed{\Leftarrow}$

Par l'absurde, supposons que i n'est pas nécessaire. Cela veut dire qu'il existe une séquence acceptante de configurations $C_1, C_2, ..., C_m$ telle que $i \notin C_j \ \forall \ j \in \{1, ..., m\}$. Comme i n'est dans aucune configuration, cette séquence est aussi légale et acceptante pour G'. En conséquence, G' est un exemplaire positif de GEN. Or, c'est une contradiction. $\square$

Théorème 5.1.2. *NEC est P-complet.*

Démonstration. Il faut démontrer en premier lieu que NEC $\in$ P. Soient un exemplaire G et un élément i. L'idée est de construire G' comme dans le lemme précédent et de vérifier si $\langle G' \rangle$ appartient à GEN. La vérification se fait en temps polynomial car GEN $\in$ P et le temps de construction de G' est d'ordre $n^2 \lceil \log n \rceil$, soit proportionnel à la taille de la table de multiplication. Il est donc possible de déterminer en temps polynomial si un mot $\langle G, i \rangle$ appartient à NEC.

Il reste à démontrer que NEC est P-ardu. Pour ce faire, nous utilisons la réduction GEN $\leq_{\log}$ NEC. Soit G, un exemplaire de n-GEN. G' est alors un exemplaire de $(n+1)$-GEN défini à partir de G comme suit :

$$G': \begin{array}{c|ccccc} & 1 & 2 & \ldots & n & n+1 \\ \hline 1 & g_{1,1} & g_{1,2} & \ldots & n+1 & g_{1,n} \\ 2 & g_{2,1} & g_{2,2} & \ldots & n+1 & g_{2,n} \\ \vdots & \vdots & \vdots & & \vdots & \vdots \\ n & n+1 & n+1 & \ldots & n+1 & n+1 \\ n+1 & g_{n,1} & g_{n,2} & \ldots & n+1 & g_{n,n} \end{array}$$

Formellement, la réduction est :

$$\begin{array}{rcl} \Sigma^* & \to & \Sigma^* \\ \langle G \rangle & \mapsto & \langle G', n \rangle \end{array}.$$

Ainsi, nous avons l'équivalence suivante : $\langle G \rangle \in$ GEN $\Leftrightarrow \langle G', n \rangle \in$ NEC.

SENS $\Rightarrow$

Dans G', l'élément n est clairement nécessaire (c'est le seul qui puisse engendrer $n+1$), et puisqu'il est possible d'engendrer n à partir de 1 (étant donné que $\langle G \rangle \in$ GEN), nous avons que $\langle G', n \rangle \in$ NEC.

SENS $\Leftarrow$

Par l'absurde, supposons que $\langle G \rangle \notin$ GEN. Alors, il n'existe pas de séquence acceptante pour G, donc il est impossible d'engendrer n à partir de 1, et comme n est nécessaire pour G', il est requis d'engendrer ce dernier pour engendrer $n + 1$. En conclusion, $\langle G', n \rangle \notin$ NEC car G' n'est pas un exemplaire positif.

La réduction est-elle calculable par une machine de Turing en espace logarithmique ? L'entrée est un tableau G. Celui-ci reste sur le ruban d'entrée, alors il faut simplement un petit itérateur de taille $2\lceil \log n \rceil$ pour se rappeler d'une position dans le tableau G' que la machine construit sur le ruban de sortie. Grâce à cet itérateur, la machine sait où elle est rendue dans la recopie et la modification de G.

Donc, NEC est P-complet. $\square$

5.2 Reconnaitre un encodage valide d'un PB

Étant donné l'encodage d'un PB (déterministe ou non déterministe) tel que nous l'avons choisi au chapitre 2, décider si un mot est un bon encodage de PB se fait par un circuit AC^0.

Définition 5.2.1. *PrBr* $= \{\langle P \rangle | P$ *est un PB*$\}$.

Proposition 5.2.1. $PrBr \in AC^0$.

Démonstration. $\langle P \rangle$ contient une matrice d'adjacence m et une liste pour les étiquettes. Comme le PB ne peut pas avoir de cycle et que la matrice d'adjacence est celle du graphe topologique, alors il faut s'assurer que m est triangulaire supérieure avec une diagonale nulle par l'expression suivante :

$$\bigwedge_{1 \leq i \leq s(n)} \left[\bigwedge_{1 \leq j \leq i} \neg m_{i,j} \right].$$

La profondeur du circuit qui calcule cette expression est de 2, et sa taille est de l'ordre de $s(n)^2$, où $s(n)$ est la taille du PB. Donc, le circuit est dans AC^0. □

5.3 Chemin consistant

Définition 5.3.1. *CONS*$= \{\langle G, s \rangle | G$ *est un PB (déterministe ou non déterministe) et s est un sommet de G tel qu'il existe un chemin consistant menant de la source à s* $\}$.

Théorème 5.3.1. *CONS est NP-complet.*

Démonstration. Commençons par prouver que le langage est dans NP. Nous venons de voir que vérifier si $\langle G \rangle$ est un encodage valide se fait dans AC^0, et comme $AC^0 \subseteq NC^1 \subseteq P$, alors la vérification se fait aussi en temps polynomial. Il suffit ensuite de donner comme certificat un chemin de la source à s dans G, et de vérifier si ce chemin est consistant ou non. Vérifier uniquement si le chemin est valide requiert un temps linéaire par rapport à la taille du certificat. Pour vérifier la consistance, nous pouvons utiliser la méthode suivante : pour chaque arête du chemin, prenons par exemple une arête avec l'étiquette $x_i = k$, il faut vérifier qu'il n'existe aucune arête ailleurs sur le chemin qui puisse impliquer $x_i \neq k$. Cette méthode requiert dans le pire des cas, un temps quadratique par rapport à la taille du chemin. Au total, les deux vérifications se font en temps polynomial.

Démontrons que le langage est NP-ardu par la réduction 3SAT $\leq_{\log}$ CONS

$$\begin{aligned} \Sigma^* &\to \Sigma^* \\ \langle \phi \rangle &\mapsto \langle G, \text{OUI} \rangle , \end{aligned} \quad (5.1)$$

où ϕ est une expression booléenne en forme 3FNC, G est un PB, et OUI est le sommet acceptant de G.

Soit $\phi = (t_{1,1} \vee t_{1,2} \vee t_{1,3}) \wedge (t_{2,1} \vee t_{2,2} \vee t_{2,3}) \wedge ... \wedge (t_{k,1} \vee t_{k,2} \vee t_{k,3})$ avec n variables booléennes. Deux fonctions nous seront particulièrement utiles pour décrire la réduction. La fonction f_ϕ :

$$\begin{aligned} f_\phi : \{1, 2, ..., n\} &\to \{1, 2, 3\} \times \{1, 2, ..., k\} \\ d &\mapsto (i, j) , \end{aligned}$$

où $t_{i,j}$ est le premier littéral (en lisant ϕ de gauche à droite) où apparait la variable x_d dans ϕ. Et g_ϕ la fonction qui permet de savoir quelle variable booléenne représente un littéral $t_{r,s}$:

$$\begin{aligned} g_\phi : \{1, 2, 3\} \times \{1, 2, ..., k\} &\to \{1, 2, ..., n\} \\ (r, s) &\mapsto u , \end{aligned}$$

où u est tel quel $t_{r,s} = x_u$ ou $\overline{x_u}$.

Le PB créé à partir de ϕ possède la structure représentée à la figure 5.1 avec 3 sommets par clause de ϕ. Il faut maintenant coller les bonnes étiquettes aux sommets et aux arêtes. Les étiquettes sur les sommets sont pour l'instant temporaires et changent selon ϕ.

À chaque sommet, prenons par exemple le i-ième sommet de la clause j (identifié par $i \times j$ pour l'instant), il faut aller chercher la valeur de $g_\phi(i, j)$, disons $g_\phi(i, j) = k$,

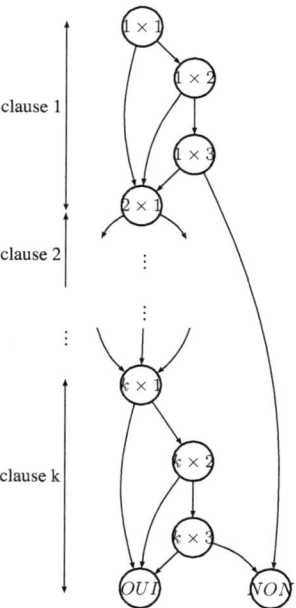

Figure 5.1 – Structure du PB G de la réduction 5.1.

et ensuite nous utilisons la valeur de $f_\phi(k)$, posons $f_\phi(k) = r \times s$, pour remplacer l'étiquette $i \times j$ par $r \times s$. Si $t_{i,j} = x_k$, alors l'arête pleine est étiquetée par 1 et l'arête pointillée est étiquetée par 0. Si $t_{i,j} = \overline{x_k}$, c'est l'inverse. Pour aider la compréhension, un exemple simple de réduction où $\phi = (x_1 \vee \overline{x_2} \vee x_4) \wedge (\overline{x_1} \vee x_2 \vee x_5)$ est illustré à la figure 5.2

Nous affirmons que l'exemplaire de 3SAT est satisfaisable si et seulement si il existe un chemin consistant dans G de la source à OUI.

SENS $\boxed{\Rightarrow}$

Si ϕ est satisfaisable, alors il existe une affectation aux variables booléennes qui rend l'expression booléenne ϕ vraie. Cette affectation prescrit un unique chemin pour par-

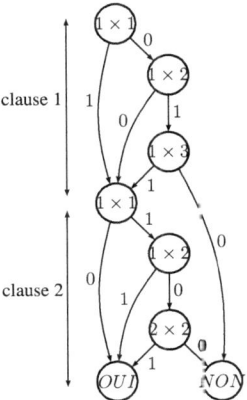

Figure 5.2 – Exemple de réduction où $\phi = (x_1 \vee \overline{x_2} \vee x_4) \wedge (\overline{x_1} \vee x_2 \vee x_5)$.

courir G de la source à OUI, et ce chemin est consistant.

Voyons quel est ce chemin. Le chemin commence à la clause 1 au premier sommet qui est associé à la variable $x_{g_\phi(1,1)}$. Il emprunte ensuite l'arête identifiée par 1 si $x_{g_\phi(1,1)} = 1$, sinon il emprunte l'arête 0. Le chemin continue ainsi, c'est-à-dire que s'il atteint le i-ième sommet de la clause j, alors il emprunte l'arête 1 si $x_{g_\phi(i,j)} = 1$, et l'arête 0 sinon. En reprenant notre exemple avec l'affectation $x_1 = 1, x_2 = 0, x_4 = 0, x_5 = 1$, nous pouvons voir un exemple d'un tel chemin à la figure 5.3.

Il faut montrer que ce chemin parcourt G de la source à OUI. Quand le chemin arrive dans une clause, il arrive toujours sur le premier littéral de la clause. En fonction de l'affectation, ce littéral peut soit être faux, soit être vrai. Si le littéral est vrai, alors le chemin branche immédiatement sur la clause suivante, sinon il inspecte le prochain littéral de la même clause. Toute clause étant satisfaite, il existe toujours au moins un littéral par clause qui est vrai, et alors le chemin finit par atteindre le sommet représentant un de ces littéraux et peut passer à la clause suivante. Cela, jusqu'à ce qu'il touche le sommet OUI.

Maintenant, est-ce que le chemin est consistant ? Nous supposons par l'absurde

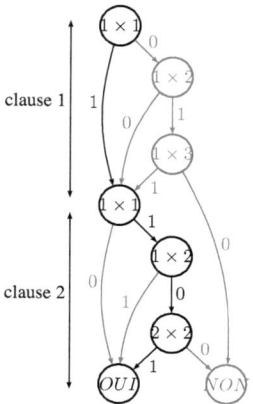

Figure 5.3 – Le chemin prescrit par l'affectation $x_1 = 1, x_2 = 0, x_4 = 0, x_5 = 1$.

qu'il ne l'est pas. Cela veut dire qu'à un endroit du parcours nous avons $i \times j = 1$, et $i \times j = 0$ à un autre endroit. Or, $i \times j = 1$ signifie que $x_{g_\phi(i,j)} = 1$ dans l'affectation des variables satisfaisant ϕ, mais $i \times j = 0$ signifie que $x_{g_\phi(i,j)} = 0$. Il y a contradiction, sinon l'affectation n'est plus valable. Donc le chemin décrit est bien consistant, et $\langle G, OUI \rangle \in$ CONS.

SENS $\boxed{\Leftarrow}$

À l'inverse, s'il y a un chemin consistant de la source à OUI, les sommets où passe ce chemin déterminent une affectation à leur variable booléenne associée. Les variables booléennes non affectées par le chemin peuvent prendre n'importe quelle valeur. Comme il existe un chemin de la source à OUI, toutes les clauses sont satisfaites, et comme le chemin est consistant, l'affectation tout juste décrite est cohérente. Donc $\langle \phi \rangle \in$ 3SAT.

Il ne reste plus qu'à prouver que la réduction se fait en espace logarithmique par une machine de Turing. L'entrée de la machine est une expression booléenne de la forme 3SAT de k clauses. La machine doit produire en sortie une matrice d'adjacence d'un PB de taille $3k + 2$ et fournir les bonnes étiquettes. En fait, la matrice d'adjacence est toujours la même, peu importe ϕ, car le graphe du PB ne change jamais, seules les étiquettes le font. Pour produire cette matrice, un compteur de taille $2\lceil \log(3k+2) \rceil$ est suffisant. Ce dernier sert à indiquer notre position dans la matrice. Les étiquettes associées à un sommet $i \times j$ sont fournies sous la forme suivante :

$$(i, j, \text{sommet qui reçoit l'arête 0, sommet qui reçoit l'arête 1}).$$

Nous utilisons l'algorithme qui suit pour effectuer cette tâche avec une machine de Turing.

1: **for** $i = 1$ à n **do**
2:    Parcourir ϕ et trouver la première apparition de x_i ou $\neg x_i$.
3:    Mémoriser cette position, disons $t_{j,k}$, et donner $j \times k$ comme étiquette au sommet numéro $k + 3(j-1)$.
4:    **if** $t_{j,k} = x_i$ **then**
5:      L'arête 1 pointe vers le sommet numéro $1 + 3j$.
6:      **if** $1 \leq K \leq 2$ **then**
7:         L'arête 0 pointe vers le sommet numéro $(k+1) + 3(j-1)$.
8:      **else**
9:         Dans ce cas $K = 3$, alors l'arête 0 pointe vers le sommet NON, le dernier.
10:      **end if**
11:    **else**
12:      Dans ce cas $t_{j,k} = \neg x_i$ et l'arête 0 pointe vers le sommet numéro $1 + 3j$.
13:      **if** $1 \leq K \leq 2$ **then**
14:         L'arête 1 pointe vers le sommet numéro $(k+1) + 3(j-1)$.
15:      **else**
16:         Dans ce cas $K = 3$, alors l'arête 1 pointe vers le sommet NON, le dernier.
17:      **end if**
18:    **end if**
19:    Parcourir la suite de ϕ et s'arrêter à la prochaine apparition de x_i ou $\neg x_i$, disons $t_{r,s}$. Poser $j = r$ et $k = s$.

20:   Recommencer l'étape de la ligne 4 jusqu'à ce que ϕ soit entièrement lue.
21: **end for**

Il faut pour exécuter cet algorithme un itérateur de taille $\lceil \log n \rceil$ pour la boucle « for ». Il faut ensuite un compteur de taille $\lceil \log 3k \rceil$ pour connaitre la position de lecture dans ϕ et, finalement, un espace mémoire de taille $\lceil \log 3k \rceil$ pour mémoriser la position de la première apparition d'une variable. En comptabilisant aussi l'espace requis pour produire la matrice, nous constatons qu'un espace de taille logarithmique est suffisant pour réaliser la réduction.

Nous pouvons maintenant conclure que CONS est NP-complet.   □

S'il nous est plutôt demandé de confirmer ou infirmer qu'un chemin donné est consistant, alors la question est plus facile, nous pouvons y répondre avec un circuit AC^0.

Définition 5.3.2. *ConsPath*=$\{\langle P, c \rangle | P$ *est un PB déterministe et c est un chemin consistant dans* $P\}$.

Proposition 5.3.2. $ConsPath \in AC^0$.

Démonstration. Vérifier si $\langle P \rangle$ est un encodage valide se fait dans AC^0. Nous le savons de la section 5.2. Il reste à s'assurer que le chemin est valide et qu'il est consistant. Le chemin c est une suite de sommets $c_1 c_2 \cdots c_m$. Soit m, la matrice d'adjacence de taille $s(n)^2$ de P. Soit l, la liste des étiquettes, où $l_{i,1}$ et $l_{i,2}$ représentent les deux éléments impliqués dans la question du i-ième sommet de P, et $l_{i,j}$ pour $3 \leq j \leq n+2$ dénote le sommet vers lequel l'arête étiquetée par $j-2$ est dirigée.

Il nous faut pouvoir vérifier l'égalité entre deux nombres de $\lceil \log n \rceil$ bits vec un circuit dans AC^0. Soit un nombre quelconque x écrit en binaire avec $\lceil \log n \rceil$ bits : $x^1 x^2 \ldots x^{\lceil \log n \rceil}$. L'égalité entre deux entiers x et y est vérifiée par l'expression booléenne suivante :

$$\neg \left(\bigvee_{1 \leq i \leq \lceil \log n \rceil} x^i \oplus y^i \right), \tag{5.2}$$

où l'opérateur $\oplus$ est la somme modulo 2 de deux bits (voir figure 5.4). L'inégalité $x \neq y$ est vérifiée par la même formule 5.2 mais sans la négation. Le circuit de profondeur 5 dans AC^0 de la figure 5.5 permet de vérifier cette égalité.

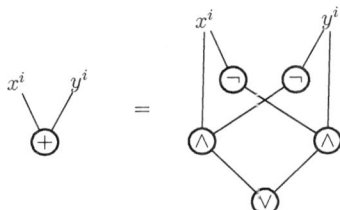

Figure 5.4 – Porte logique $\oplus$ en base $\{\wedge, \vee, \neg\}$.

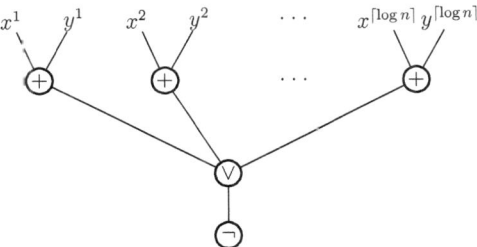

Figure 5.5 – Circuit évaluant l'égalité $x = y$.

Avec ce résultat en main, nous pouvons montrer comment nous allons chercher les valeurs qu'il nous faut dans la matrice m et la liste l à partir de l'entrée $\langle P, c \rangle$. Pour déterminer si le chemin c est valide, il nous faut vérifier l'expression suivante, qui peut être évaluée par un circuit dans AC^0 :

$$\bigwedge_{1 \leq i \leq m-1} m_{c_i, c_{i+1}}. \tag{5.3}$$

Voici comment trouver les valeurs de $m_{c_i, c_{i+1}}$:

$$m_{c_i, c_{i+1}} = \bigvee_{1 \leq k, l \leq s(n)} \left([k = c_i] \wedge [l = c_{i+1}] \wedge m_{k,l} \right).$$

Chaque $m_{c_i,c_{i+1}}$ se calcule avec un circuit de profondeur constante dans AC^0. Il reste maintenant à prouver que le chemin est consistant. Pour cela, il faut connaître les étiquettes qui apparaissent le long du chemin c. Dénotons par $x_{i,1}$ et $x_{i,2}$ les étiquettes du sommet c_i, et par $x_{i,3}$ l'étiquette de l'arête qui connecte le sommet c_i au sommet c_{i+1}. Voici comment chercher les $\lceil \log n \rceil$ bits de $x_{i,j}$ pour $j = 1, 2, 3$ ($x_{i,j}^k$ et $l_{r,j}^k$ dénotent le k-ième bit de $x_{i,j}$ et $l_{r,j}$) :

– si j=1 ou j=2,
$$x_{i,j}^k = \bigvee_{r=1}^{s(n)} \left([r = c_i] \wedge l_{r,j}^k \right) ;$$

– si j=3,
$$x_{i,3}^k = \bigvee_{1 \leq r,s \leq s(n)} \left([r = c_i] \wedge [s = c_{i+1}] \wedge \bigvee_{v=1}^{n} \left([l_{r,v}] \wedge v^k \right) \right).$$

Les expressions ci-haut se calculent toutes à l'aide d'un circuit AC^0. Il ne reste plus qu'à vérifier la consistance d'un chemin. C'est ce que fait l'expression logique suivante :

$$\bigwedge_{2 \leq i \leq k} \left(\bigwedge_{1 \leq j < i} \neg [(x_{i,1} = x_{j,1}) \wedge (x_{i,2} = x_{j,2}) \wedge (x_{i,3} \neq x_{j,3})] \right). \tag{5.4}$$

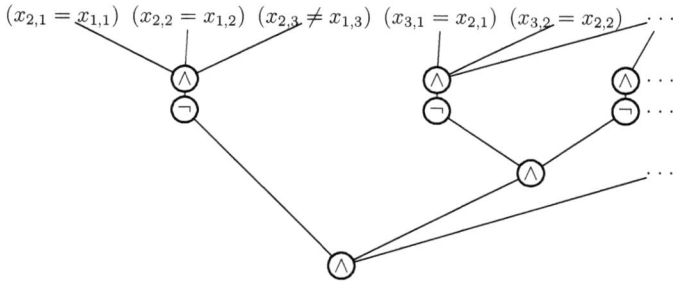

Figure 5.6 – Circuit pour évaluer la consistance d'un chemin.

Finalement, le circuit qui représente l'expression 5.4 se retrouve à la figure 5.6. Donc, nous voyons que l'expression 5.4 se calcule avec un circuit de profondeur constante et des portes d'entrée arbitraire. Ainsi, ConsPath $\in$ AC^0. $\square$

5.4 Ensemble syntaxique d'un sommet

Définition 5.4.1. *L'ensemble syntaxique d'un sommet s pour un PB quelconque G, $Synt(s)$, est l'ensemble de tous les éléments (l'élément 1 est inclus de facto) qui apparaissent au moins une fois parmi les étiquettes des arêtes de tout chemin de la source de G au sommet s.*

$$Synt(s) = \bigcap_{\pi \in PATH(s)} \left[\bigcup_{(x_i=k) \in \pi} \{k\} \cup \{1\} \right].$$

Remarquons que, si G est syntaxique incrémental, alors $Synt(s) = A(s)$, où A est l'ensemble « available » que nous avons défini à la section 4.4, page 35.

Définition 5.4.2. $SY = \{\langle G, i, s \rangle |\ 1 \leq i \leq n,\ G$ est un PB n-aire , et s est un sommet de G tel que $i \in Synt(s)\}$.

Théorème 5.4.1. $SY \in P$.

Démonstration. En effet, vérifier qu'un mot appartient à SY revient à exécuter un parcours de graphe. Pourquoi cela ? parce que $i \in Synt(s)$ si et seulement si tout chemin partant de s et remontant à la source de G emprunte au moins une arête avec l'étiquette i.

Nous allons appliquer l'algorithme de recherche en profondeur à l'envers, c'est-à-dire à partir du sommet s nous remontons vers la source de G, en y ajoutant une restriction : interdiction d'emprunter une arête de la forme $j \times k = i\ \ \forall j, k \in [n]$.

Si l'algorithme de recherche trouve, malgré la restriction, un chemin de s à la source, cela signifie que $i \notin Synt(s)$. Si la recherche ne trouve aucun chemin, nous pouvons conclure que $i \in Synt(s)$.

L'appartenance d'un mot $\langle G, i, s \rangle$ au langage SY requiert uniquement l'exécution d'un algorithme de recherche en profondeur. Or un tel algorithme requiert un temps quadratique par rapport à la taille du graphe. Ainsi, l'appartenance au langage SY se vérifie en temps polynomial. □

5.5 Ensemble sémantique d'un sommet

Définition 5.5.1. $Sem(s)$, *l'ensemble sémantique d'un sommet s pour un PB quelconque G, est l'ensemble de tous les éléments (l'élément 1 est inclus de facto) qui apparaissent au moins une fois le long de tout chemin consistant de la source de G au sommet s.*

$$Sem(s) = \bigcap_{\pi \in \mathit{GENPATH}(s)} \left[\bigcup_{(x_i = k) \in \pi} \{k\} \cup \{1\} \right].$$

Comme pour l'ensemble syntaxique, remarquons que, si G est sémantique incrémental, alors $Sem(s) = A_{GEN}(s)$.

Définition 5.5.2. $SE = \{\langle G, i, s \rangle | 1 \leq i \leq n,\ G$ *est un PB n-aire et s un sommet de G tel que* $i \in Sem(s)\}$.

Théorème 5.5.1. $\overline{SE}$ *(le complément de SE)* $\in NP$.

Démonstration. Ppour prouver l'appartenance d'un langage à NP, il suffit de démontrer que nous pouvons vérifier en temps polynomial si un certificat est valide ou non. Ici, le certificat est un chemin consistant de la source à s tel que i n'est l'étiquette d'aucune arête du chemin. Faire cette vérification requiert un temps linéaire par rapport à la longueur du chemin, donc c'est polynomial. □

Trouver un chemin consistant de la source à un sommet particulier est une question difficile comme nous l'avons vu à la section 5.2, alors il n'est pas surprenant d'apprendre que SE est co-NP-complet.

Théorème 5.5.2. $\overline{SE}$ *est NP-ardu.*

Démonstration. Il suffit de réduire CONS à $\overline{SE}$ en espace logarithmique. La réduction se fait comme suit. Soit un PB G n-aire et un sommet s de G. Nous créons un second PB G' $(n+1)$-aire identique à G, mais avec l'ajout suivant : de la source, une arête avec étiquette $n+1$ branche directement sur le sommet s. La figure 5.7 illustre G'.

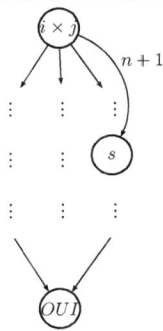

Figure 5.7 – Le PB G' de la réduction CONS$\leq_{\log}\overline{SE}$.

Formellement, la fonction de réduction est celle-ci :

$$\begin{array}{rcl} \Sigma^* & \to & \Sigma^* \\ \langle G, s \rangle & \mapsto & \langle G', n+1, s \rangle \end{array}$$

La clef de l'idée étant que : G a un chemin consistant vers $s \Leftrightarrow \langle G', n+1, s \rangle \in \overline{SE}$.

SENS $\boxed{\Rightarrow}$

Si G a un chemin consistant c de la source au sommet s, ce même chemin existe aussi chez G', et il demeure consistant. Toutefois, le chemin qui, partant de la source, emprunte l'arête avec étiquette $n+1$ et branche directement sur le sommet s, est aussi consistant. Forcément, le chemin c ne contient aucune arête avec étiquette $n+1$, donc $n+1 \notin Sem(s)$. Alors $\langle G', n+1, s \rangle \in \overline{SE}$.

SENS $\boxed{\Leftarrow}$

Par la contraposée, si G n'a aucun chemin consistant, alors G' n'a qu'un seul chemin consistant, celui de longueur 1 avec l'arête étiquetée $n + 1$. Ainsi,

$$n + 1 \in Sem(s) \Rightarrow \langle G', n+1, s \rangle \notin \overline{SE}.$$

La dernière chose à vérifier est que la réduction peut s'effectuer en espace logarithmique. La réduction est simple. Le travail consiste seulement à recopier le graphe de G et à lui ajouter une arête de plus. Cela ne nécessite qu'un itérateur sur le nombre de sommets de G, donc l'itérateur n'a besoin que de $\lceil \log(\text{taille de } G) \rceil$ bits.

En conclusion, SE est co-NP-complet. $\square$

5.6 L'incrémentalité

Définition 5.6.1. *Un chemin c (consistant ou non consistant), de la source d'un PB (déterministe ou non déterministe) à un sommet s, est incrémental si pour toute étiquette $i \times j = k$ sortant d'un sommet u du chemin, i et j sont dans la fermeture courante du chemin, c'est-à-dire si $\{i, j\} \subseteq A(u)$.*

Définition 5.6.2. *INC = $\{\langle G, s \rangle |$ G est un PB déterministe et s est un sommet de G tel qu'il existe un chemin incrémental de la source au sommet $s\}$*

Nous allons prouver que ce langage n'est pas facile à décider. En effet, INC est NP-complet.

Lemme 5.6.1. *INC $\in$ NP.*

Démonstration. Si nous avons un PB G ainsi qu'un sommet s, nous pouvons vérifier si un chemin c de la source au sommet s, obtenu de façon non déterministe, est incrémental en temps polynomial.

En effet, une méthode est de parcourir le chemin c et d'accumuler tout en même temps dans un ensemble T les triplets rencontrés à chaque sommet et chaque arête. Soit T^{c_i}, l'ensemble des triplets rencontrés jusqu'au i-ième sommet, le sommet c_i du chemin c. À chaque sommet c_i où c_i pose la question $r \times s$, il faut vérifier si $r, s \in \langle \{1\} \rangle_{T^{c_{i-1}}}$, en bref si les deux éléments sont dans la fermeture courante. Comme RELGEN $\in$ P, cette vérification prend un temps polynomial $q(n)$. Et puisqu'il faut répéter cette étape à chaque sommet du chemin, le temps total pour vérifier l'indice c est $|c|q(n)$, ce qui est polynomial par rapport à la taille de l'indice et de l'entrée. □

Théorème 5.6.2. *INC est NP-complet.*

Démonstration. Il ne reste plus qu'à montrer que tout problème dans NP se réduit à INC. Nous allons le prouver par une réduction de 3SAT à INC en espace logarithmique.

Soit $\phi = (t_{1,1} \vee t_{1,2} \vee t_{1,3}) \wedge (t_{2,1} \vee t_{2,2} \vee t_{2,3}) \wedge ... \wedge (t_{k,1} \vee t_{k,2} \vee t_{k,3})$, un exemplaire de 3SAT avec $3k$ littéraux et n variables. Sans perdre de généralité nous supposons que, pour chaque clause de ϕ, les trois littéraux impliquent trois variables différentes. Le PB que nous construisons est constitué de deux modules : un premier module qui affecte des valeurs aux variables et un second module qui vérifie si l'affectation satisfait l'expression 3SAT. Ce PB est $(2n+1)$-aire et non déterministe.

La première partie du PB est de la forme représentée à la figure 5.8. À chaque question, ou bien l'élément $2i$, ou bien $2i+1$ est généré, signifiant que la variable x_i prend la valeur ou bien 1, ou bien 0.

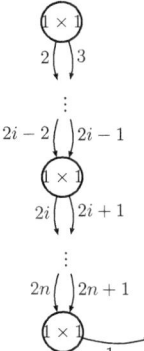

Figure 5.8 – Première partie du PB issue de la réduction INC$\leq_{\log}$3SAT.

La deuxième partie est représentée à la figure 5.9. Clause par clause, le PB a le choix de brancher sur une question parmi trois, et le branchement choisi indique quelle variable parmi les trois variables impliquées dans la clause rend immédiatement cette dernière satisfaite. Selon les éléments qui ont été générés dans la partie 1, certaines questions de la partie 2 ne sont pas incrémentales car elles s'adressent à des éléments qui n'ont pas été générés.

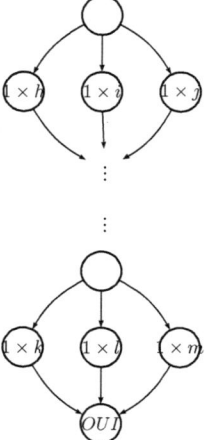

Figure 5.9 – Deuxième partie du PB issue de la réduction INC$\leq_{\log}$3SAT.

Pour mieux comprendre, nous pouvons voir à la figure 5.10 un exemple d'une réduction avec $\phi = (x_1 \vee \neg x_3 \vee x_4) \wedge (\neg x_1 \vee x_2 \vee \neg x_3)$.

Il faut maintenant prouver qu'il existe un chemin incrémental de la source de G au sommet OUI si et seulement si $\langle \phi \rangle \in $ 3STAT. Soit une affectation $x_1 = i_1, \ldots, x_n = i_n$, où $i_1, \ldots, i_n \in \{0, 1\}$, qui rend ϕ vraie. Regardons le chemin suivant :

– dans la partie 1 pour $j = 1, \ldots, n$, au j-ième sommet 1×1, choisissons l'arête avec étiquette $2i_j$ si $i_j = 1$, ou l'étiquette $2i_j + 1$ si $i_j = 0$;

– dans la partie 2, poursuivons un chemin qui n'emprunte que des sommets dont l'étiquette $1 \times k$ est telle que, si k est pair, $x_{k/2} = 1$ ou sinon, $x_{(k-1)/2} = 0$ (donc k a été généré dans la partie 1).

Ce chemin est continu de la source au sommet OUI. Il est incrémental, car il ne traverse que des sommets de la forme $1 \times k$ où k a été généré dans la partie 1.

Inversement, soit c, un chemin incrémental dans le PB de la source au sommet

72

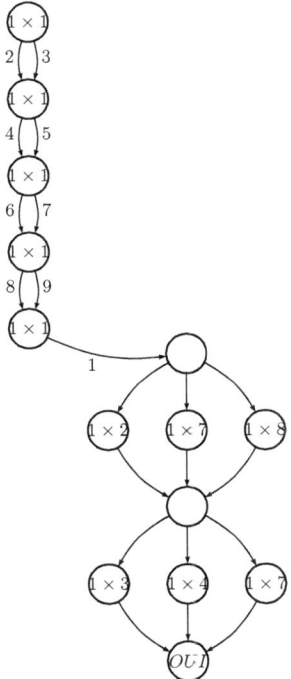

Figure 5.10 – Exemple d'une réduction INC$\leq_{\log}$3SAT avec $\phi = (x_1 \vee \neg x_3 \vee x_4) \wedge (\neg x_1 \vee x_2 \vee \neg x_3)$.

OUI. Ce chemin dans la partie 1 détermine l'affectation des variables dans l'expression de 3SAT. Et comme le chemin est incrémental, cela signifie que chaque clause est satisfaite, donc l'expression est satisfaite.

Notons que ce PB n'est pas déterministe, mais qu'il pourrait facilement l'être. En effet, il suffit d'ajouter deux éléments supplémentaires, disons les éléments a et b, et chaque partie de PB représentant une clause prend désormais la forme illustrée à la figure 5.11. Ce faisant, nous obtenons un PB avec les mêmes caractéristiques et déterministe en plus.

La dernière chose à prouver est que la réduction est réalisable par une machine de

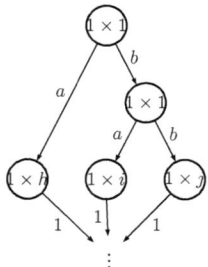

Figure 5.11 – Dessin partiel du PB déterministe.

Turing fonctionnant en espace logarithmique. La taille du PB est $4k + n + 1$. Comme $n \leq 3k$, un itérateur de $\lceil \log 8k \rceil$ bits suffit pour construire le graphe, et un pointeur de $\lceil \log 3k \rceil$ bits nous sert pour parcourir ϕ afin de poser les bonnes étiquettes aux sommets de la seconde partie du PB. Donc, au total, un espace de taille logarithmique par rapport à la taille de ϕ est suffisant. En conclusion, INC est NP-complet. □

Si nous nous concentrons sur un chemin en particulier, il est alors plus facile de déterminer si le chemin en question est incrémental. En fait, la question est décidable dans AC^0.

Définition 5.6.3. $IncPath = \{\langle P, c \rangle | P \text{ est un PB et } c \text{ est un chemin incrémental}\}$.

Proposition 5.6.3. $IncPath \in AC^0$.

Démonstration. Nous savons déjà que vérifier si l'encodage $\langle P \rangle$ est valide (section 5.2) et si le chemin c est possible (preuve de la proposition 5.3.2) se fait dans AC^0. Voici maintenant l'expression logique qui permet de vérifier que le chemin c est incrémental :

$$(x_{1,1} = 1) \wedge (x_{1,2} = 1)$$
$$\bigwedge_{2 \leq i \leq k} \left(\bigvee_{1 \leq j \leq i} (x_{i,1} = x_{j,3} \text{ ou } x_{i,j} = 1) \wedge \bigvee_{1 \leq j \leq i} (x_{i,2} = x_{j,3} \text{ ou } x_{j,3} = 1) \right). \tag{5.5}$$

Nous allons chercher les valeurs des $x_{i,j}$ de la même façon que nous l'avons fait à la proposition 5.3.2. Nous constatons donc que l'expression 5.5 se calcule avec un circuit de profondeur constante et des portes d'entrée arbitraire comme à la figure 5.12. Donc IncPath $\in$ AC^C. $\square$

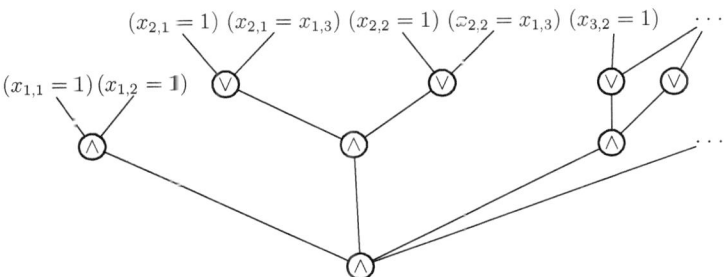

Figure 5.12 – Circuit évaluant l'incrémentalité d'un chemin.

5.7 Validité d'un programme de branchement

Une autre question intéressante est celle de déterminer si un PB calcule ou non correctement la fonction GEN.

Définition 5.7.1. $GENPB = \{\langle G, n \rangle | G$ est un PB qui calcule $n\text{-}GEN\}$.

Proposition 5.7.1. $GENPB \in co\text{-}NP$.

Démonstration. Soit G, un PB. Pour la simplicité, considérons qu'un chemin dans G doit toujours partir de la source et se terminer à OUI ou NON. Soit M une machine de Turing non déterministe qui fonctionne comme suit : elle choisit un chemin p et crée T^p, un exemplaire de RELGEN. Comme RELGEN $\in$ P, M peut vérifier en temps polynomial si T^p est un exemplaire positif ou négatif. Comme le PB doit calculer GEN et non RELGEN, M doit aussi vérifier que T^p ne contient aucun bloc lourd (voir page 32, section 4.2) ; autrement dit, le chemin choisi est consistant. Cette vérification prend un temps linéaire par rapport à la taille de p. Ainsi donc, M choisit non déterministiquement un chemin p et accepte son entrée G (c'est-à-dire décide si G ne calcule pas correctement GEN) si et seulement si

1. $T^p \in$ RELGEN, et p est consistant et mène à NON.
2. $T^p \notin$ RELGEN, et p est consistant et mène à OUI.

De plus, la machine ne requiert qu'un temps polynomial par rapport à la taille de G pour rendre sa décision. □

CHAPITRE 6

LA COMPLEXITÉ D'INVERSION

Il est un fait : le monde des fonctions monotones est plus riche en résultats que celui des fonctions non monotones. En tirant profit de résultats sur les fonctions monotones, les auteurs de [GKM08] ont réussi à prouver une borne inférieure exponentielle sur des PB ayant une restriction faible, c'est-à-dire le calcul serré (voir page 32). Cependant, même si GEN peut se décliner sous la forme d'une fonction monotone, soit RELGEN, nous ne sommes pas encore à même d'obtenir une borne inférieure exponentielle sur la taille de PB sans restriction.

Une question que nous pouvons nous demander est la suivante : « pouvons-nous transposer des résultats des fonctions monotones à des circuits utilisant un nombre limité de négations et espérer découvrir des bornes presque aussi puissantes ? » Nous ne fournissons pas de réponse à cette question mais plutôt, nous avons voulu connaitre le nombre minimal de négations dont un circuit booléen a besoin pour résoudre GEN. Pour y parvenir, nous introduisons les résultats clés de la complexité d'inversion (cette dernière étant le nombre minimal de négations) et les appliquons ensuite à GEN. Nous avons découvert que GEN nécessite au minimum $d\lceil \log_2 n \rceil$ négations, où d est une constante comprise entre 1 et 2.

6.1 Définitions et travaux de A. A. Markov

En 1957, Markov [Mar58] s'intéressa au nombre minimal de négations que nécessite une fonction booléenne dans un circuit booléen avec portes $\{\vee, \wedge, \neg\}$. Il nomma cette quantité la complexité d'inversion et il fut à même de donner une formule exacte pour l'évaluer. Le résultat est général car il s'applique aussi à un système de m fonctions booléennes, $F : \{0,1\}^n \to \{0,1\}^m$.

Pour exposer ces résultats, nous devons d'abord définir quelques termes. Nous affirmons que $(a_1, \ldots a_n) \leq (b_1, \ldots, b_n)$, où $a_i, b_j \in \{0,1\}$ pour $1 \leq i, j \leq n$, si $a_i < b_i$ pour un certain $i \in [n]$ et $a_j \leq b_j$ pour tout $j \in [n]$. Nous appelons une chaine de longueur k ce qui est une séquence $C = (X_1, \ldots, X_k)$ de vecteurs $X_i = (x_1, \ldots, x_n) \in \{0,1\}^n$ telle que $X_i \leq X_{i+1}$ pour $1 \leq i < k$. Finalement, dénotons par $Alt_F(C)$, *Alt* pour « alternation », c'est-à-dire le nombre de fois que la monotonicité de F est brisée le long de la chaine C :

$$Alt_F(C) = \#\{i \mid 1 \leq i < k \ \& \ F(X_i) \nleq F(X_{i+1})\}.$$

Posons $A(F) = max_{\text{chaine } C} Alt_F(C)$. La taille de la plus longue chaine possible est $n+1$ et le maximum d'alternations est n. Dénotons par $Inv(F)$, la complexité d'inversion de F, soit le plus petit nombre de négations ($\neg$) de tous les circuits calculant F. $Inv(C)$ dénote aussi le nombre de portes négation dans un circuit C.

Théorème 6.1.1 ([Mar58]). *Soit $F : \{0,1\}^n \to \{0,1\}^m$. Alors*

$$Inv(F) = \lceil \log(A(F) + 1) \rceil.$$

Démonstration. La preuve présentée ici provient de [Fis77]. Nous allons démontrer premièrement que $A(F) \leq 2^{Inv(F)} - 1$ (ou $Inv(F) \geq \log A(F) + 1$) par induction.

Base : si $Inv(F) = 0$, autrement dit, si F est monotone, alors, bien sûr, il n'y a aucune alternation ; $A(F) = 0$.

Induction : supposons que $A(F') \leq 2^{Inv(F')} - 1$ pour toute fonction F' telle que $Inv(F') < Inv(F)$. Dans tout circuit calculant F, il existe toujours une porte négation $\neg$ dont aucun parent n'est une porte négation $\neg$ (voir figure 6.1). Soit $\neg h$, la fonction booléenne calculée par la porte $\neg$ en question. Alors, F peut se décomposer ainsi :

$$F(x_1, \ldots, x_n) = G(\neg h(x_1, \ldots, x_n), x_1, \ldots, x_n)$$

où $Inv(G) = Inv(F) - 1$ et $Inv(h) = 0$.

Soit une chaine $C = (X_1, \ldots, X_k)$. À moins que h soit constante, puisque h est une fonction monotone, il existe r, où $1 \leq r < k$, tel que $h(X_r) = 0$ et $h(X_{r+1}) = 1$. Nous

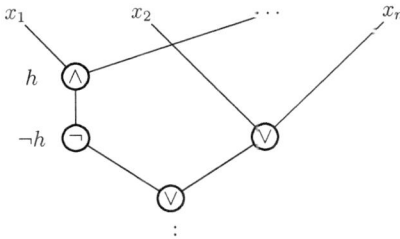

Figure 6.1 – Circuit évaluant F.

pouvons alors couper la chaine en deux de la manière suivante :

$$C_0 = \underbrace{(X_1, \ldots, X_r)}_{h=0} \text{ et } C_1 = \underbrace{(X_{r+1}, \ldots, X_k)}_{h=1}.$$

Si $h(X_i) = 0$ pour tout $i = 1, \ldots, k$, alors $C_0 = C$ et $C_1 = \emptyset$, et inversement si $h(X_i) = 1$ pour tout $i = 1, \ldots, k$. Soient les deux fonctions $G_i(x_1, \ldots, x_n) = G(\neg i, x_1, \ldots, x_n)$ où $i \in \{0, 1\}$. Nous avons que $Inv(G_i) \leq Inv(G) = Inv(F) - 1$, alors, par notre hypothèse d'induction, pour toute chaine D, nous avons que $Alt_{G_i}(D) \leq A(G_i) \leq 2^{Inv(G_i)} - 1$. Il s'en suit que

$$\begin{aligned}
Alt_F(C) &\leq Alt_F(C_0) + Alt_F(C_1) + 1 \\
&\leq Alt_{G_0}(C_0) + Alt_{G_1}(C_1) + 1 \\
&\leq 2^{Inv(G_0)} - 1 + 2^{Inv(G_1)} - 1 + 1 \\
&\leq 2^{Inv(F)-1} + 2^{Inv(F)-1} - 1 \\
&\leq 2^{Inv(F)} - 1.
\end{aligned}$$

Comme C est une chaine arbitraire, ceci implique que

$$Inv(F) \geq \lceil \log(A(F) + 1) \rceil \Rightarrow A(F) \leq 2^{Inv(F)} - 1.$$

Maintenant, il faut démontrer l'inégalité dans l'autre sens, $Inv(F) \leq \lceil \log(A(F)+1) \rceil$.

Nous procédons par induction sur $\lceil \log(A(F)+1) \rceil$ que nous abbrévions par $LA(F)$.

Base : $LA(F) = 0$. Alors $A(F) = 0$; il n'y a pas d'alternation. Donc F est monotone et $Inv(F) = 0$.

Induction : Supposons que $Inv(F') \leq LA(F')$ pour toute fonction F' qui soit telle que $LA(F') < LA(F)$. Soient deux chaines $C = (X_1, \ldots, X_k)$ et $C' = (X'_1, \ldots, X'_l)$. Si $X_k = X'_1$, alors la concaténation des deux chaines est possible. Cela nous donne $C \cdot C' = (X_1, \ldots, X_k, X'_2, \ldots, X'_l)$ et $Alt_F(C \cdot C') = Alt_F(C) + Alt_F(C')$.

Soit l'ensemble

$$S = \{X \in \{0,1\}^n | \text{ pour toute chaine } C = (X_1, \ldots, X_k)$$
$$\text{telle que } X_1 = X, Alt_F(C) < 2^{LA(F)-1}\}.$$

Donc S est l'ensemble des $X \in \{0,1\}^n$ tels que toute chaine commençant par X ne peut pas réussir $(A(F)+1)/2$ alternations ou plus. Posons c_S comme étant la fonction caractéristique de S (c'est-à-dire $c_S(X) = 1$ si et seulement si $X \in S$). La fonction c_S s'avère être monotone. En effet, si $Y \geq X$, alors toute chaine C qui commence par Y peut être vue comme le suffixe d'une chaine commençant par X. Exemple : $C' = X \cdot C = (X, Y, \ldots)$. Comme C ne peut certainement pas réaliser plus d'alternations que C', $X \in S \Rightarrow Y \in S$.

Soit maintenant un élément Y tel que $Y \notin S$. Il se trouve en fait que toute chaine C qui finit par Y est telle que $Alt_F(C) < 2^{LA(f)-1}$. En effet, supposons le contraire, donc qu'il existe une chaine C finissant par Y telle que $Alt_F(C) \geq 2^{LA(F)-1}$. Comme $Y \notin S$, il existe une chaine C' débutant par Y telle que $Alt_F(C') \geq 2^{LA(F)-1}$. Or, la concaténation des deux chaines donne

$$Alt_F(C \cdot C') \geq 2^{LA(F)} = 2^{\log(A(F)+1)} > A(F),$$

ce qui contredit la définition de $A(F)$.

Soient $F_o = F \vee c_S$ et $F_1 = F \wedge c_S$ deux fonctions telles que

$$F_0(X) = \begin{cases} F(X) & \text{si } X \notin S \\ (1,\ldots,1) & \text{sinon}; \end{cases}$$

$$F_1(X) = \begin{cases} (0,\ldots,0) & \text{si } X \notin S \\ F(X) & \text{sinon}. \end{cases}$$

Soit une chaine $C = (X_1, \ldots, X_k)$, et soit i (où $1 \leq i < k$) tel que $X_i \notin S$ et $X_{i+1} \in S$. Décomposons C en deux : $C = C_1 \cdot C_2 = (X_1, \ldots, X_i) \cdot (X_i, \ldots, X_k)$. Nous savons que pour toute chaine C' qui finit par un élément $Y \notin S$, $Alt_F(C') < 2^{LA(F)-1}$. Comme F_0 est égale à F tant que $X \notin S$ et prend valeur 1 dès que $X \in S$, nous avons que $Alt_{F_0}(C) = Alt_{F_0}(C_1) + Alt_{F_0}(C_2) \leq Alt_F(C_1) \leq 2^{LA(F)-1} - 1$. De manière similaire, nous pouvons en déduire de même pour F_1. Donc,

$$A(F_i) \leq 2^{LA(F)-1} - 1 \text{ pour } i \in \{0,1\}. \tag{6.1}$$

Ceci implique que

$$\begin{aligned} LA(F_i) &= \lceil \log(A(F_i)+1) \rceil \text{ (par définition)} \\ &\leq \lceil \log(2^{LA(F)-1}) \rceil \text{ (inégalité 6.1)} \\ &< LA(F). \end{aligned}$$

Par notre hypothèse d'induction, comme $LA(F_i) < LA(F)$, nous avons que $Inv(F_i) \leq LA(F_i) \leq LA(F) - 1$. Soit maintenant la fonction $G : \{0,1\}^{n+1} \to \{0,1\}^m$ définie comme suit :

$$G(y, x_1, \ldots, x_n) = F_y(x_1, \ldots, x_n).$$

Nous avons donc que

$$F(x_1, \ldots, x_n) = G(c_s(x_1, \ldots, x_n), x_1, \ldots, x_n).$$

Si nous prouvons que $Inv(G) \leq \max(Inv(F_0), Inv(F_1)) + 1$, la preuve est terminée. Pour ce faire, nous montrons par induction sur q, où q est tel que $Inv(F_i) \leq q$ (où $i \in \{0,1\}$), qu'il existe une fonction $M : \{0,1\}^{n+2} \to \{0,1\}^m$ telle que

$$M(y, \neg y, x_1, \ldots, x_n) = F_y(x_1, \ldots, x_n) \text{ et } Inv(M) \leq q.$$

Pour récapituler, nous avons les égalités suivantes :

$$F_y(x_1, \ldots, x_n) = G(y, x_1, \ldots, x_n) = M(y, \neg y, x_1, \ldots, x_n);$$
$$F(x_1, \ldots, x_n) = G(c_S(x1, \ldots, x_n), x_1, \ldots, x_n).$$

De plus, comme la négation de la variable y est fournie en entrée à M, nous avons que $Inv(G) \leq Inv(M) + 1$. Nous allons donc construire M par récursion sur $Inv(F_i) \leq q$ et prouver que $Inv(M) \leq q$.

Base : Si $q = 0$, alors les F_i sont monotones. Le circuit de M est donné à la figure 6.2. Remarquons qu'il ne contient aucune négation, donc $Inv(M) = 0$.

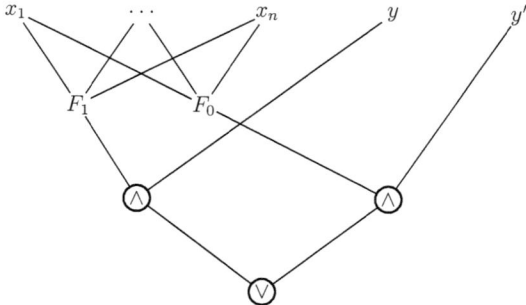

Figure 6.2 – Circuit évaluant M si $q = 0$. Les portes F_1 et F_0 représentent les circuits monotones calculant respectivement les fonctions F_1 et F_0.

Induction : Si $q > 0$, nous décomposons les F_i ainsi (comme nous l'avons fait au début de la preuve de ce théorème) :

$$F_i(x_1, \ldots, x_n) = F'_i(\neg h_i(x_1, \ldots, x_n), x_1, \ldots, x_n),$$

où h_i est une fonction monotone et $Inv(F_i') = Inv(F_i) - 1 \leq q - 1$. Alors, par induction, il existe M' telle que

$$M'(y, \neg y, x_1, \ldots, x_n) = F_y'(z, x_1, \ldots, x_n) \text{ et } Inv(M') \leq q - 1.$$

Le circuit booléen pour M est représenté à la figure 6.3. Remarquons que $Inv(M) = Inv(M') + 1 \leq q$.

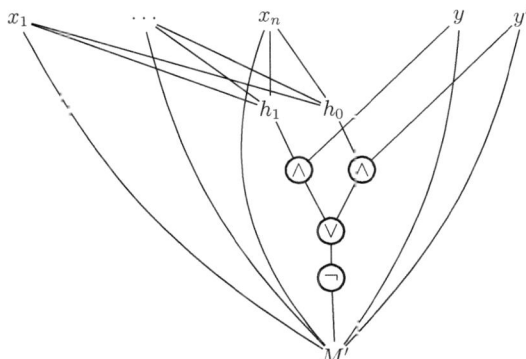

Figure 6.3 – Circuit évaluant M construit de manière récursive. Les portes h_1 et h_0 représentent les circuits monotones calculant respectivement les fonctions h_1 et h_0.

Pour conclure, nous déduisons que

$$Inv(F) \leq Inv(G) \leq Inv(M) + 1 \leq \max(Inv(F_0), Inv(F_1)) + 1 \leq LA(F).$$

□

Comme $A(F) \leq n$, nous avons le corollaire suivant :

Corollaire 6.1.2. *Soit* $F : \{0,1\}^n \to \{0,1\}^m$. *Alors* $Inv(F) \leq \lceil \log(n+1) \rceil$.

Démonstration. $Inv(F) \leq \lceil \log(A(F) + 1) \rceil \leq \lceil \log(n+1) \rceil$. □

6.2 Impact sur la taille d'un circuit

Le théorème 6.1.1 nous indique que, pour n'importe quelle fonction, nous savons exactement le nombre minimal de négations qui est nécessaire au circuit qui calcule la fonction. Cependant, quelle taille aura ce circuit s'il se limite au nombre minimal de négations ? Il se trouve en fait qu'il est possible de transformer n'importe quel circuit de sorte qu'il ne contienne pas une négation de plus que le nombre minimal et que sa taille ne soit que légèrement augmentée.

Théorème 6.2.1 ([Fis75]). *Pour toute fonction* $F : \{0,1\}^n \to \{0,1\}^m$, *il existe un circuit* β *tel que* $Inv(\beta) \leq \lceil \log(n+1) \rceil$ *et* $Taille(\beta) \leq 2C(F) + O(n^2 \log^2 n)$[1], *où* $C(F)$ *est la taille du plus petit circuit pour* F.

Pour construire le circuit β, nous créons tout d'abord un module qui sait calculer $\neg x_i$ pour $i = 1, \ldots, n$, et ensuite nous incorporons ce module à un circuit calculant la couverture monotone de F. Voyons avec détails et explications cette construction.

Définition 6.2.1. *Soient* $F : \{0,1\}^n \to \{0,1\}^m$ *et* $G : \{0,1\}^{2n} \to \{0,1\}^m$. *La fonction* G *est une couverture monotone de* F *si* G *est monotone et si pour tout* $x_1, \ldots, x_n \in \{0,1\}$,
$$F(x_1, x_2, \ldots, x_n) = G(x_1, \neg x_1, x_2, \neg x_2, \ldots, x_n, \neg x_n).$$

Théorème 6.2.2 ([Fis75]). *Pour toute fonction* $F : \{0,1\}^n \to \{0,1\}^m$, *il existe une couverture monotone* G *de* F *telle que* $C(G) \leq 2C(F)$.

Démonstration. Cela se démontre par induction sur le nombre total de portes $\{\wedge, \vee, \neg\}$ dans le plus petit circuit β pour F.

Base : Si β n'a aucune porte $\{\wedge, \vee, \neg\}$, F est monotone, alors la couverture monotone est triviale.

Induction : Nous supposons que, si β a moins de s portes, il existe une couverture monotone pour F. Regardons le cas où β possède s portes. Choisissons en une. En fonction de cette porte, il est possible de décomposer F de trois manières :

---
[1] Une borne de $2C(F) + O(n^2 \log n)$ est même démontrée dans [TN94, RBT95].

1. $F(x_1, \ldots, x_n) = F'(x_i \wedge x_j, x_1, \ldots, x_n)$,
2. $F(x_1, \ldots, x_n) = F'(x_i \vee x_j, x_1, \ldots, x_n)$,
3. $F(x_1, \ldots, x_n) = F'(\neg x_i, x_1, \ldots, x_n)$,

où F' est une fonction à $n+1$ variables. Le plus petit circuit pour F' a au maximum $s-1$ portes. Donc, par l'hypothèse d'induction, il existe une couverture monotone pour F', disons G' :

$$G'(y, \neg y, x_1, \neg x_1, \ldots, x_n, \neg x_n).$$

De plus, G' est telle que $C(G') \leq 2C(F')$, toujours par l'hypothèse d'induction. La fonction G suivante est alors la couverture monotone de F selon les trois cas possibles plus haut :

1. $G(x_1, \neg x_1, \ldots, x_n, \neg x_n) = G'(x_i \wedge x_j, \neg x_1 \vee \neg x_j, x_1, \neg x_1, \ldots, x_n, \neg x_n)$,
2. $G(x_1, \neg x_1, \ldots, x_n, \neg x_n) = G'(x_i \vee x_j, \neg x_1 \wedge \neg x_j, x_1, \neg x_1, \ldots, x_n, \neg x_n)$,
3. $G(x_1, \neg x_1, \ldots, x_n, \neg x_n) = G'(\neg x_i, x_i, x_1, \neg x_1, \ldots, x_n, \neg x_n)$.

Dans les deux premiers cas, comme il faut ajouter deux portes au circuit calculant G' pour calculer G, nous avons que

$$C(G) = 2 + C(G') \leq 2 + 2C(F') = 2C(F).$$

Dans le troisième cas, il n'y a pas d'ajout, donc

$$C(G) = C(G') \leq 2C(F') \leq 2C(F).$$

□

Si nous pouvons calculer la négation de chaque variable x_i avec un circuit de taille S et en n'utilisant pas plus de $\lceil \log(n+1) \rceil$ portes négation, nous pouvons alors calculer F avec le circuit monotone qui calcule G. Le circuit complet aurait au maximum $\lceil \log(n+1) \rceil$ négations et serait de taille $S + 2C(F)$.

Pour trouver la valeur de S, il reste à démontrer le prochain résultat concernant la fonction suivante :

$$F_n : \quad \{0,1\}^n \quad \to \quad \{0,1\}^n$$
$$(x_1, x_2, ..., x_n) \mapsto (\neg x_1, \neg x_2, ..., \neg x_n)$$

Théorème 6.2.3 ([Fis75]). *Soit $F_n = \{\neg x_i : 1 \leq i \leq n\}$. Alors $Inv(F_n) \leq \lceil \log(n+1) \rceil$. Et de plus, il existe un circuit β_n à n sorties qui calcule F_n et tel que $Taille(\beta_n) = O(n^2 \log^2 n)$.*

Démonstration. Soit

$$\tau_i^k(x_1, \ldots, x_n) = \begin{cases} 1 & \text{si } (\sum_{j=1}^n x_j) - x_i \geq k \\ 0 & \text{sinon.} \end{cases}$$

Cette fonction prend valeur 1 lorsque la somme de toutes les variables sauf x_i est supérieure ou égale à k. La fonction est aussi définie pour $i = 0$, et nous supposons alors que $x_0 = 0$. La subtilité de cette fonction réside dans le fait suivant :

$$\neg x_i = 1 \Leftrightarrow x_i = 0$$
$$\Leftrightarrow \forall k[\tau_0^k(x_1, \ldots, x_n) \Rightarrow \tau_i^k(x_1, \ldots, x_n)]$$
$$\Leftrightarrow \forall k[\neg \tau_0^k(x_1, \ldots, x_n) \vee \tau_i^k(x_1, \ldots, x_n)].$$

Autrement dit, si $x_i = 0$, alors la variable x_i n'a aucune influence sur la somme $\sum_{j=1}^n x_j$. Un résultat de [Bat68] dit que $R = \{\tau_i^k | 0 \leq i \leq n, 1 \leq k \leq n\}$ peut être calculée par un circuit monotone de taille $O(n^2 \log^2 n)$. Il reste à trouver le circuit qui calcule la fonction $T = \{\neg \tau_0^k | 1 \leq k \leq n\}$. Par après, nous combinons les sorties du circuit de R et de T pour calculer $\neg x_i$ pour chaque i comme illustré à la figure 6.4.

Pour ce faire, soit γ_n, un circuit qui calcule la fonction $\nu_k : \{0,1\}^n \to \{0,1\}$ suivante :

$$\nu_k(\tau_0^1(x_1, \ldots, x_n), \ldots, \tau_0^n(x_1, \ldots, x_n)) = \neg \tau_0^k(x_1, \ldots, x_n),$$

Donc ν_k, calcule $\neg \tau_0^k$ si elle reçoit tous les τ_0^i en entrées. Posons $n = 2^r - 1$. Le circuit γ_n est construit de manière récursive sur r.

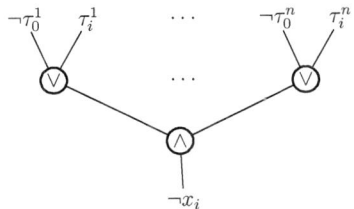

Figure 6.4 – Dessin partiel du circuit qui calcule $\neg x_i$ de F_n.

Si $r = 1$, alors $\nu_1(\tau_0^1(x_1)) = \neg \tau_0^1(x_1)$ où

$$\tau_0^1(x_1) = \begin{cases} 1 & \text{si } x_1 = 1 \\ 0 & \text{sinon.} \end{cases}$$

Alors, γ_n est simplement le circuit

$$x_1 \longrightarrow \ominus \longrightarrow \nu_1.$$

Si $r > 1$, le circuit γ_n est donné à la figure 6.5. Pour comprendre ce circuit, il faut analyser deux cas séparément : le cas où $\tau_0^{2^{r-1}} = 0$ et celui où $\tau_0^{2^{r-1}} = 1$. Si $\tau_0^{2^{r-1}} = 0$, alors $\tau_0^k = 0$ pour tout $k \geq 2^{r-1}$; et si $\tau_0^{2^{r-1}} = 1$, alors $\tau_0^k = 1$ pour tout $k \leq 2^{r-1}$. Dans le circuit γ_{2^r-1}, nous voyons que toute entrée x_i est fusionnée avec $x_{2^{r-1}+i}$ par une porte $\vee$ pour $1 \leq i \leq 2^{r-1} - 1$.

Si $\tau_0^{2^{r-1}} = 0$, alors comme $\tau_0^k = 0$ pour $k = 2^{r-1}-1, \ldots, 2^r - 1$, nous avons $\nu_k = 1$ pour toutes les mêmes valeurs de k. Il faut ensuite envoyer $(\tau_0^1, \ldots, \tau_0^{2^{r-1}-1})$ comme entrée au circuit $\gamma_{2^{r-1}-1}$ pour connaitre les valeurs $(\nu_1, \ldots, \nu_{2^{r-1}-1})$. Si $\tau_0^{2^{r-1}} = 1$, la situation est similaire mais inversée.

Le nombre total de négations dans γ_n est $\lceil \log(n+1) \rceil$, car il y a une négation par circuit γ_{2^k-1}. Si $t(n)$ est définie comme la taille du circuit γ_n, alors $t(n)$ suit la récursion

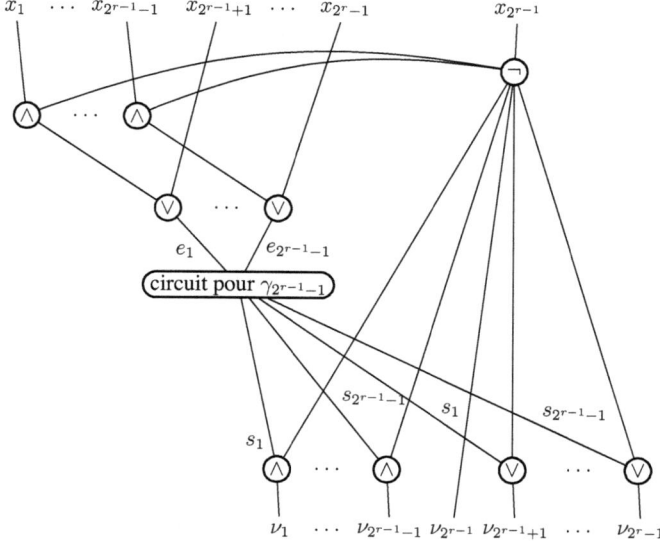

Figure 6.5 – Circuit de γ_{2^r-1} construit de manière récursive. Le symbole e représente une entrée du circuit $\gamma_{2^{r-1}-1}$ et s une sortie.

suivante :

$$t(2^r - 1) = 2(2^r - 1) + t(2^{r-1} - 1)$$
$$= 2\left(\sum_{i=1}^{r} 2^i - r\right)$$
$$\in O(n).$$

Donc, en combinant les deux circuits pour calculer F_n, nous obtenons un circuit β n'ayant que $\lceil \log(n+1) \rceil$ portes négation (seul γ_n est non monotone) et la taille totale est d'ordre $O(n^2 \log^2 n)$. □

Forts de ces résultats, nous pouvons enfin conclure la preuve du théorème 6.2.1.

6.3 Application à GEN

Revenons maintenant à GEN qui est une fonction non monotone avec des entrées de taille $n^2\lceil\log n\rceil$ bits. Dans le but de connaitre le nombre minimal de négations nécessaires pour réaliser un circuit booléen calculant GEN, nous nous sommes intéressés au nombre maximal d'alternations de la fonction.

Notre fonction est $GEN : \{0,1\}^{n^2\lceil\log n\rceil} \to \{0,1\}$. Par le corollaire 6.1.2, nous avons la borne supérieure suivante :

$$\begin{aligned} Inv(\text{GEN}) &\leq \lceil\log(n^2\log n)\rceil \\ &\leq \lceil 2\log n + \log\log n\rceil \\ &\in O(\log n). \end{aligned}$$

Pour identifier une borne inférieure, il suffit de trouver une chaine $C = (g_1, \ldots, g_k)$ où g_i est un exemplaire de GEN encodé avec $n^2\lceil\log n\rceil$ bits, pour $1 \leq i \leq k$. De plus, les g_i doivent être croissants, c'est-à-dire $g_i \leq g_{i+1}$. Ce que nous recherchons d'une chaine est qu'elle maximise le nombre d'alternations de la fonction GEN. Prouver qu'une chaine particulière est la plus longue chaine alternante possible est une tâche plutôt ardue.

Commençons par étudier le problème restreint $\text{GEN}_{\text{1-row}}$. La taille des entrées de cette fonction est $n\lceil\log n\rceil$ bits. Nous allons exhiber une chaine C dont le nombre d'alternations est proportionnel à n. Posons $n = 2^k - 1$. Dès le premier exemplaire de $\text{GEN}_{\text{1-row}}$ de cette chaine C, nous fixons la valeur des produits 1×2^i, où $1 \leq i < k$, à n :

$$1 \times 2 = n, 1 \times 4 = n, \ldots, 1 \times 2^k = n.$$

Nous représentons les exemplaires de la chaine par un tableau à la figure 6.6. L'ordre dans le tableau correspond à l'ordre des exemplaires de $\text{GEN}_{\text{1-row}}$ dans la chaine, et les multiplications affichées à droite indiquent quels changements sont apportés dans un exemplaire par rapport au précédent. Rappelons que les produits 1×2^i, où $1 \leq i < k$, ne peuvent plus être modifiés, car ils valent n. Notons qu'à l'exemple 1, seul le produit

g_i	Exemplaires	
g_1	$1 \times 1 = 1$	
g_2	$1 \times 1 = 3$	$1 \times 3 = 2$
g_3	$1 \times 3 = 6$	$1 \times 6 = 1$
g_4	$1 \times 6 = 5$	$1 \times 5 = 2$
g_5	$1 \times 5 = 7$	$1 \times 7 = 1$
g_6	$1 \times 7 = 9$	$1 \times 9 = 2$
g_7	$1 \times 9 = 10$	$1 \times 10 = 1$
	Descente jusqu'à 16	
g_8	$1 \times 10 = 11$	$1 \times 11 = 4$
g_9	$1 \times 11 = 12$	$1 \times 12 = 1$
g_{10}	$1 \times 12 = 13$	$1 \times 13 = 2$
g_{11}	$1 \times 13 = 14$	$1 \times 14 = 1$
g_{12}	$1 \times 14 = 15$	$1 \times 15 = 2$
	Saut par dessus 16	
g_{13}	$1 \times 15 = 18$	$1 \times 18 = 1$
g_{14}	$1 \times 18 = 17$	$1 \times 17 = 16$
g_{15}	$1 \times 17 = 18$	$(1 \times 18 = 17)$
	Descente jusqu'à 32	
g_{16}	$1 \times 18 = 19$	$1 \times 19 = 4$
g_{17}	$1 \times 19 = 20$	$1 \times 20 = 1$
$\vdots$	$\vdots$	
g_{28}	$1 \times 30 = 31$	$1 \times 31 = 2$
	Saut par dessus 32	
g_{29}	$1 \times 31 = 34$	$1 \times 34 = 1$
g_{30}	$1 \times 34 = 33$	$1 \times 33 = 32$
g_{31}	$1 \times 33 = 34$	$(1 \times 34 = 33)$
	Descente jusqu'à 64	
g_{32}	$1 \times 34 = 35$	$1 \times 35 = 4$
$\vdots$	$\vdots$	

Figure 6.6 – Chaine pour GEN$_{1\text{-row}}$

$1 \times 1 = 1$ est affiché, mais qu'en fait tous les autres produits sont définis. Pour connaitre leur valeur, il faut descendre dans le tableau et trouver leur première apparition. Ainsi,

$$g_1 = 1 \times 1 = 1,\ 1 \times 3 = 2,\ 1 \times 5 = 2,\ 1 \times 6 = 1,\ 1 \times 7 = 1,\ 1 \times 9 = 2,\ \ldots$$

L'exemplaire g_2 est identique à g_1 sauf que 1×1 vaut 3. Remarquons que pour obtenir g_2, il ne suffit que d'ajouter un bit à g_1. Il en va de manière similaire avec tous les autres exemplaires.

Si i est pair, alors g_i génère une puissance de 2, n'importe quelle, et génère ainsi n. Si i est impair, alors g_i ne génère pas n. L'idée derrière cette chaine est que chaque nouvel exemplaire génère un nouvel élément pour avoir la liberté d'affecter au produit de 1 par ce nouvel élément la valeur qu'il faut. Règle générale, si $g_i \in \text{GEN}_{\text{1-row}}$, alors g_i est tel que $1 \times (\text{pair}) = (\text{pair}) + 1$ et $1 \times ((\text{pair}) + 1) = (\text{puissance de 2})$. Si $g_i \notin \text{GEN}_{\text{1-row}}$, alors c'est plutôt, $1 \times (\text{impair}) = (\text{impair}) + 1$ et $1 \times ((\text{impair}) + 1) = 1$. Comme les produits impliquant une puissance de 2 sont déjà fixés, un problème survient quand un exemplaire voudrait se servir d'un élément $i + 1$, mais que $i + 1$ est une puissance de 2. Alors, dans ce cas, il faut « sauter » par dessus la puissance de 2. Quand nous ne sommes pas dans cette situation, les exemplaires génèrent simplement le plus petit élément encore non généré jusqu'à ce qu'ils atteignent la prochaine puissance de 2. Les sept premiers exemplaires de la chaine sont différents parce que les éléments 2, 4 et 8 sont très rapprochés.

Cette chaine connait une alternation entre chaque paire d'exemplaires g_i et g_{i+1} où i est pair, donc son nombre d'alternations est $\lfloor (|C| - 1)/2 \rfloor$ où $|C|$ est la longueur de la chaine. Cette dernière est constituée de deux étapes qui alternent : une étape de descente jusqu'à une puissance de 2, et une étape de saut. Une descente prend $2^i - 3$ exemplaires et l'étape de saut en prend toujours 3. Ce qui fait que, au total, la longueur de la chaine est

$$\begin{aligned} |C| &= 7 + (2^3 - 3) + 3 + (2^4 - 3) + 3 + \ldots + 3 + (2^{k-1} - 3) \\ &= 2^2 + 2^3 + 2^4 + \ldots + 2^{k-1} \\ &= (2^k - 1) - (2^1 + 2^0) \\ &= n - 3 \end{aligned}$$

Donc $Alt_{\text{GEN}_{\text{1-row}}}(C) = \lfloor \frac{n-3}{2} \rfloor \in \theta(n)$.

Comme $A(\text{GEN}_{\text{1-row}}) \in \Omega(n)$, nous avons alors

$$Inv(\text{GEN}_{\text{1-row}}) \in \Omega(\log n).$$

Or, comme cette chaine C est aussi une chaine avec le même nombre d'alternations pour GEN sans restriction, nous avons que

$$Inv(\text{GEN}) \in \Omega(\log n).$$

Puisque nous avons déjà établi que $Inv(\text{GEN}) \in O(\log n)$, nous concluons que

$$Inv(\text{GEN}) \in \theta(\log n).$$

Il faut au moins $d\lceil \log n \rceil$ négations dans un circuit pour calculer GEN. La constante d est comprise entre $1 - \epsilon$ et $2 + \epsilon$ (où $\epsilon > 0$) car

$$\lceil \log(n-3) \rceil - 1 \leq Inv(\text{GEN}) \leq \lceil 2\log n + \log\log n \rceil.$$

Si nous pouvions toutefois trouver la valeur exacte de $A(\text{GEN})$, nous pourrions connaitre avec exactitude la valeur de la constante d. Nous laissons cette question, de même que celle de déterminer la valeur exacte de $A(\text{GEN}_{\text{1-row}})$, pour des travaux futurs.

Une autre approche de la question peut être inspirée de la réduction CVP $\leq_{log}$ GEN [JL76, BM91]. CVP est le « circuit value problem » défini dans l'introduction à la page 20. Prenons le circuit qui calcule la fonction parité p

$$p: \quad \{0,1\}^n \quad \to \quad \{0,1\}$$
$$(x_1,\ldots,x_n) \quad \mapsto \quad \begin{cases} 1 & \text{si } \sum_{i=1}^n x_i \equiv 0 \pmod{2}; \\ 0 & \text{sinon.} \end{cases}$$

C'est une fonction qui atteint le maximum d'alternations pour une fonction booléenne [Fis77], donc le circuit de la fonction contient au minimum $\lceil \log(n+1) \rceil$ négations. La réduction prend le circuit de parité avec une affectation des entrées, et produit en retour un exemplaire de GEN de taille au maximum $s + s^2$ où s est la taille du circuit de parité. Comme le circuit de la fonction parité a au moins n portes dont $\lceil \log n \rceil$ négations, nous savons que nous ne pouvons pas descendre plus bas que $\lceil \log n \rceil$ portes négations pour

n-GEN, sinon nous pourrions résoudre parité avec moins de $\lceil \log n \rceil$ négations.

CHAPITRE 7

CONCLUSION

Il n'existe encore rien qui puisse nous permettre d'affirmer la possibilité de simuler un algorithme fonctionnant en temps polynomial par un algorithme fonctionnant en espace logarithmique. La recherche d'un exemple pour appuyer la conjecture L $\neq$ P a mis sous les projecteurs le problème GEN. Ce dernier et plus spécifiquement les PB employés pour le résoudre ont fourni la motivation de ce travail.

Nous nous sommes premièrement intéressés à une technique visant à corriger la non incrémentalité, nous entendons par là transformer un PB non incrémental en un syntaxique incrémental. Nous avons pu réaliser la chose avec un PB n'ayant qu'un seul sommet non incrémental et restreint de telle sorte que pour tout chemin π, chaque arête e du chemin est telle que $\{i,j\} \subseteq \langle\{1\}\rangle_{T^{\pi}} \Rightarrow \{i,j\} \subseteq A(e)$. Nous pensons que l'effort mis pour obtenir un résultat aussi spécifique témoigne de notre présente difficulté à saisir les rouages et la puissance d'un PB non incrémental ou même sémantique incrémental. Pour l'instant, cette piste que nous avons explorée ne semble pas très prometteuse.

Ensuite, nous avons considéré les mintermes et les maxtermes de RELGEN. Plus précisément, nous avons voulu mesurer la cardinalité des ensembles de mintermes et maxtermes associés aux exemplaires de taille n de RELGEN. Sans surprise, nous avons prouvé qu'il y a un nombre exponentiel de mintermes et de maxtermes. Dans le même chapitre, nous avons conclu par une brève étude qui démontre qu'une fonction n-aire $f : [n]^t \to \{0,1\}$ calculable par un PB sémantique incrémental l'est autant par un PB syntaxique incrémental. Il existe toutefois des fonctions qu'aucun des deux modèles ne savent calculer.

Nous avons cueilli quelques fruits du côté de la complexité combinatoire de problèmes connexes à GEN et aux PB. En ce qui concerne GEN, nous nous sommes intéressés aux éléments que nous appelons *nécessaires*. Ces derniers sont des éléments qui pour un exemplaire donné, doivent être générés afin d'obtenir l'élément n. Déterminer qu'un élément est nécessaire est un problème P-complet. Par la suite, nous avons trouvé deux problèmes NP-complets : celui de déterminer s'il existe un chemin consistant de la source d'un PB à un sommet donné, et celui de déterminer s'il existe un chemin incrémental de la source à un sommet donné. Si plutôt qu'un PB, la donnée du problème est un chemin précis, alors déterminer si ce chemin est consistant ou incrémental est résoluble dans AC^0. Il nous fallu inventer la notion de chemin incrémental. Nous avons aussi défini deux nouveaux ensembles : l'ensemble sémantique et l'ensemble syntaxique d'un sommet. Chacun se veut une généralisation des ensembles A et A_{GEN}. Déterminer si un élément arbitraire fait partie de l'ensemble sémantique d'un sommet est une question résoluble en temps polynomial mais la même question appliquée à l'ensemble syntaxique se révèle être co-NP-complète. Finalement, en ce qui a trait à la complexité, nous avons prouvé que déterminer la validité d'un PB pour calculer GEN est dans co-NP.

Notre contribution se termine par une brève étude de la complexité d'inversion de GEN, c'est-à-dire du nombre minimal de négations nécessaires pour résoudre GEN à l'aide d'un circuit booléen en base standard. Nous avons démontré que nous ne pouvons pas utiliser moins de $d\lceil \log n \rceil$ négations pour résoudre GEN, où d est une constante comprise entre 1 et 2. Trouver la valeur exacte de cette constante est laissé pour de futurs travaux.

Il serait intéressant de pouvoir généraliser certains de nos résultats. Nous pensons premièrement à la technique de correction de la non incrémentalité. Comment éliminer la restriction sur les ensembles A des arêtes, et comment corriger plusieurs sommets non incrémentaux ? Est-ce qu'une adaptation de notre technique permettrait d'y arriver ? Notre technique peut-elle aussi fonctionner pour des PB non déterministes ? Ou encore, faut-il simplement en trouver une autre ? Par ailleurs, rien n'indique que notre technique soit optimale.

De plus, nous avons laissé en suspens la résolution de l'équation de récurrence qui permet de calculer le nombre total de mintermes de RELGEN. La résolution de cette dernière aurait été intéressante mais est a priori difficile.

Nous espérons que nos résultats concernant GEN et les PB pourront apporter une lumière supplémentaire sur notre compréhension de ces objets.

BIBLIOGRAPHIE

[Bat68] K. E. Batcher, *Sorting networks and their applications*, Proceedings AFIPS Spring Joint Computer Conference, vol. 32, AFIPS Press, 1968, pp. 307–314.

[BC82] A. Borodin and S.A. Cook, *A time-space trade-off for sorting on a general sequential model of computation*, SIAM J. on Computing **11** (1982), no. 2, 287–297.

[BM91] D. Barrington and P. McKenzie, *Oracle branching programs and logspace versus p*, Information and computation **95** (1991), 96–115.

[Bor77] A. Borodin, *On relating time and space to size and depth*, SIAM Journal on Computing **6** (1977), 733–744.

[BRS93] A. Borodin, A. Razborov, and R. Smolensky, *On lower bounds for read-k-times branching programs*, Computational Complexity **3** (1993), 1–18.

[Cob66] Alan Cobham, *The recognition problem for the set of perfect squares*, FOCS, 1966, pp. 78–87.

[Coo71a] S. A. Cook, *Characterizations of pushdown machines in terms of time-bounded computers*, Journal of the Association for Computing Machinery **18** (1971), 4–18.

[Coo71b] _____, *The complexity of theorem proving procedures*, Proceedings 3rd Symposium on Theory of Computing, ACM Press, 1971, pp. 151–158.

[Coo74] S.A. Cook, *An observation on time-storage trade-of*, J. Computer and Systems Science **9** (1974), no. 3, 308–317.

[Fis75] M. J. Fischer, *The complexity of negation-limited networks - a brief survey*, Automata Theory and Formal Languages, 2nd GI Conference (H. Brakhage, ed.), Lecture Notes in Computer Science, vol. 33, 1975, pp. 71–82.

[Fis77] ———, *Lectures on network complexity*, Tech. report, Yale University, 1977.

[Geh01] D. Gehl, *Programmes de branchement restreints pour un problème p-complet*, Master's thesis, Université de Montréal, 2001.

[GKM08] Anna Gál, Michal Koucký, and Pierre McKenzie, *Incremental branching programs*, Theory Comput. Syst. **43** (2008), no. 2, 159–184.

[HMU01] J. E. Hopcroft, R. Motwani, and J. D. Ullman, *Introduction to automata theory, languages, and computation*, 2nd ed., Addison-Wesley, Boston, 2001.

[JL76] N. D. Jones and W. T. Laaser, *Complete problems for deterministic polynomial time*, Theoretical Computer Science **3** (1976), 105–117.

[Juk89] Stasys Jukna, *The effect of null-chains on the complexity of contact schemes*, FCT '89 : Proceedings of the International Conference on Fundamentals of Computation Theory (London, UK), Springer-Verlag, 1989, pp. 246–256.

[KL80] Richard M. Karp and Richard J. Lipton, *Some connections between nonuniform and uniform complexity classes*, STOC '80 : Proceedings of the twelfth annual ACM symposium on Theory of computing (New York, NY, USA), ACM, 1980, pp. 302–309.

[Lad75] R. Ladner, *The circuit value problem is log space complete for P*, SIGACT News **7** (1975), no. 1, 12–20.

[Lev73] L. A. Levin, *Universal sorting problems*, Problemi Peredachi Informatsii **9** (1973), no. 3, 115–116, English translation : *Problems of Information Transmission*, 9(3) :265–266.

[Mar58] A. A. Markov, *On the inversion complexity of a system of functions*, Journal of the ACM **5** (1958), no. 4, 331–334.

[PF79] N. Pippenger and M. J. Fischer, *Relations among complexity measures*, Journal of the ACM **26** (1979), no. 2, 361–381.

[RBT95] T. Nishino R. Beals and K. Tanaka, *More on the complexity of negation-limited circuits*, Proceedings of the 27th Annual ACM Symposium on Theory of Computing, 1995, pp. 585–595.

[RM99] R. Raz and P. McKenzie, *Separation of the monotone NC hierarchy*, Combinatorica **9** (1999), no. 3, 403–435.

[TN94] K. Tanaka and T. Nishino, *On the complexity of negations-limited boolean networks*, Proceedings of the 26th Annual ACM Symposium on Theory of Computing, 1994, pp. 38–47.

[Vol99] H. Vollmer, *Introduction to Circuit Complexity*, Springer, 1999.

[Weg00] I. Wegener, *Branching Programs and Binary Decision Diagrams*, SIAM Monographs on Discrete Mathematics and Applications, 2000.

[Zhe27] I. I. Zhegalkin, *On the technique of calculating propositions in symbolic logic*, Matematicheskii Sbornik **43** (1927), 9–28.

Oui, je veux morebooks!

i want morebooks!

Buy your books fast and straightforward onl ne - at one of world's fastest growing online book stores! Environmentally sound due to Print-on-Demand technologies.

Buy your books online at
www.get-morebooks.com

Achetez vos livres en ligne, vite et bien, sur l une des librairies en ligne les plus performantes au monde!
En protégeant nos ressources et notre environnement grâce à l'impression à la demande.

La librairie en ligne pour acheter plus vite
www.morebooks.fr

VDM Verlagsservicegesellschaft mbH
Heinrich-Böcking-Str. 6-8   Telefon: +49 681 3720 174   info@vdm-vsg.de
D - 66121 Saarbrücken   Telefax: +49 681 3720 1749   www.vdm-vsg.de

Printed by Books on Demand GmbH, Norderstedt / Germany